U0943704

广东省软科学研究计划项目
“广东省科技金融智库建设”(项目编号：2017B070703004)资助

广东省创业投资行业发展报告2018

《广东省创业投资行业发展报告2018》编写组 编著

中国财经出版传媒集团

图书在版编目（CIP）数据

广东省创业投资行业发展报告．2018/《广东省创业投资行业发展报告 2018》编写组编著．—北京：经济科学出版社，2019.8
ISBN 978－7－5218－0782－0

Ⅰ.①广…　Ⅱ.①广…　Ⅲ.①创业投资－研究报告－广东－2018　Ⅳ.①F832.48

中国版本图书馆 CIP 数据核字（2019）第 183286 号

责任编辑：杜　鹏　刘　悦
责任校对：郑淑艳
责任印制：邱　天

广东省创业投资行业发展报告 2018
《广东省创业投资行业发展报告 2018》编写组　编著
经济科学出版社出版、发行　新华书店经销
社址：北京市海淀区阜成路甲 28 号　邮编：100142
编辑部电话：010－88191441　发行部电话：010－88191522
网址：www.esp.com.cn
电子邮件：esp_bj@163.com
天猫网店：经济科学出版社旗舰店
网址：http://jjkxcbs.tmall.com
固安华明印业有限公司印装
710×1000　16 开　9 印张　150000 字
2019 年 8 月第 1 版　2019 年 8 月第 1 次印刷
ISBN 978－7－5218－0782－0　定价：49.00 元
（图书出现印装问题，本社负责调换。电话：010－88191510）

编写组成员

主　　编： 陈金德

副 主 编： 陈振权　林　雄

执行主编： 周　潇　田何志　韦文求　王子韵

成　　员： 李大伟　张寒旭　刘　洋　朱欣苑

周芮仪　蔡佳文　张　荣　林韬杰

盘思桃　邓韵然　王现兵

前　言

2017 年，我国继续实施积极的财政政策和稳健中性的货币政策，协调经济增长与风险防范，同时为供给侧结构性改革创造适宜的货币金融环境。在此背景下，受益于世界主要经济体的经济持续复苏，加上供给侧结构性改革成效逐步显现，我国经济运行全年总体稳中向好、好于预期。在供给侧改革持续、市场自发出清的叠加影响下，2017 年我国创业投资行业政策面向好，国家和地方出台促进创业投资持续健康发展的政策措施，创业投资行业支持经济结构转型升级、促进科技企业创新发展的作用日益突出。

2017 年，广东省创业投资行业稳步发展，募投活跃，机构数量为全国第一，创投投资有效支撑了广东经济高质量发展。为全面展示广东创业投资全年发展概况，总结发展成效，广东省生产力促进中心牵头，联合广东省风险投资促进会成立了《广东省创业投资行业发展报告 2018》（以下简称“本报告”）编写组，负责本报告的编写。这是编写组自 2016 年以来连续三年编印广东省创业投资行业发展报告。

本报告分为创业投资理论研究及行业发展环境、广东省创业投资市场分析、广东省创业投资案例分析、广东省创业投资行业展望与发展建议四个部分，共八章。相比前两年的创投发展年度报告，本报告以清科研究中心相关数据作为基础，同时参考了中国证券基金业协会的相关数据资料，在此基础上，增加一线调研，对广东省创投行业的发展环境、国内主要地区发展经验的对比借鉴、募投管退的市场情况等方面进行分析和研究；同时增加了投资机构案例、被投企业案例的分析，从而全面展示了 2017 年广东省创业投资的发展情况，对未来广东省创业行业发展做出预判和提出建议。

本报告在编写过程中得到了华南理工大学风险投资研究中心崔毅教授在报告框架搭建、内容编排等方面的精心指导，得到了粤科金融集团、深创投、广东盛图、广东文投、广州启诚、尚品宅配、科顺防水、纽诺育儿、迈雷特集团、有好戏科技等创投机构及科技企业的采访支持和第一手数据支撑，得到了广东省科技计划项目“2017 广东省科技金融智库建设”的资助，在此，本报告编写组对他们的支持和帮助表示诚挚的谢意。

由于能力有限，以及实地调研和数据获取不够全面，本报告难免存在疏漏之处，恳请业内专家和广大读者朋友提供宝贵意见和建议。

《广东省创业投资行业发展报告 2018》编写组

2019 年 6 月

目　　录

导论 ………………………………………………………………………… 1

第1篇　创业投资理论研究及行业发展环境

第1章　理论研究 ………………………………………………………… 5
　1.1　创业投资的起源……………………………………………… 5
　1.2　创业投资的界定……………………………………………… 6
　1.3　创业投资市场主体…………………………………………… 7
　1.4　创业投资过程………………………………………………… 8
第2章　发展环境 ………………………………………………………… 9
　2.1　市场环境……………………………………………………… 9
　2.2　政策环境 …………………………………………………… 13

第2篇　广东省创业投资市场分析

第3章　广东省创业投资市场概况……………………………………… 21
　3.1　广东省创投机构情况 ……………………………………… 21
　3.2　广东省创业投资基金募资情况 …………………………… 24
　3.3　广东省创业投资基金投资情况 …………………………… 26
　3.4　广东省创业投资区域分布 ………………………………… 34
　3.5　广东省创业投资热点行业 ………………………………… 39
　3.6　广东省创业投资经营管理 ………………………………… 46
　3.7　广东省创业投资退出情况 ………………………………… 49

第 4 章　广东与重点地区创业投资发展对比分析 …… 53
4.1　创业投资环境对比 …… 53
4.2　创业投资市场对比 …… 66

第 3 篇　广东省创业投资案例分析

第 5 章　广东省创业投资机构案例 …… 81
5.1　案例一　粤科金融集团 …… 81
5.2　案例二　深创投 …… 85
5.3　案例三　广东盛图 …… 88
5.4　案例四　广东文投 …… 91
5.5　案例五　广州启诚 …… 94
第 6 章　广东省创业投资项目案例 …… 98
6.1　案例一　尚品宅配 …… 98
6.2　案例二　科顺防水 …… 102
6.3　案例三　纽诺育儿 …… 106
6.4　案例四　迈雷特集团 …… 109
6.5　案例五　有好戏科技 …… 112

第 4 篇　广东省创业投资行业展望与发展建议

第 7 章　广东省创业投资行业展望 …… 119
第 8 章　广东省创业投资行业发展建议 …… 123
附录　2017 年部分新颁布政策摘要 …… 125
参考文献 …… 131

导　论

历经2015年的创投狂潮和2016年的资本寒冬后，2017年国内投融资市场有所升温，特别是在第四季度投融资增长明显，较为活跃。广东省创投行业2017年也表现突出，在募资规模、投资规模方面均有较大增幅。

2017年广东省创投机构新募创投基金800.96亿元，较2016年增长10.6%；创业投资总额319.47亿元，也是历年最高，较2016年增长86.32%；创投退出案例245个，同比有所下降，不过首次公开募股（IPO）退出比例上升超过三成。在表现不俗的业绩中，编写组成员通过实地走访各类代表性创投机构和被投企业发现行业总体数据喜人，但也有了明显的结构性变化，国有创投机构、头部创投机构和产业资本力量增强，募资和拿项目都有更为明显的优势。在投资方面，2017年则普遍较为理性，不盲目追风或高价获取项目。

本报告立足于广东，深度调研广东创业投资行业的发展状态，并结合宏观分析对未来的风投趋势和风口行业进行前瞻性分析，旨在为各方提供一定的参考及支持。

第1篇

创业投资理论研究及行业发展环境

第1章 理论研究

1.1 创业投资的起源

创业投资（venture capital）的起源可以追溯到19世纪末期，当时美国一些私人银行通过对钢铁、石油和铁路等新兴行业进行投资，获得了高额回报。第二次世界大战后，大量的技术创新开始产生，美国一些富有远见的企业和个人投资者开始重点投资新型技术。1946年美国研究与发展公司（ADR）成立，被公认为是全球第一家以公司形式运作的创业投资基金，标志着有组织的创业投资活动的诞生。1953年，美国小企业管理局（SBA）成立，专司促进小企业发展职责。1958年，美国小企业管理局设立“小企业投资公司计划”（SBIC），通过小企业投资公司增加对小企业的股权投资。自此，美国的创业投资市场开始迅速发展。

20世纪70年代以来，美国等发达国家通过创业投资促进高新技术产业的成功经验引人注目，创业投资在全球迅速发展。1973年美国创业投资协会（NVCA）成立，标志着创业投资在美国发展成为专门行业。

20世纪80年代，我国开始重视创业投资。1985年3月，中共中央出台的《关于科学技术体制改革的决定》指出：“对于变化迅速、风险较大的高技术开发工作，可以设立创业投资给予支持。”6个月后，国务院正式批准成立了中国第一家技术创业投资公司——中国新技术创业投资公司，核心职责就是投资并支持科技产业快速发展。随后陆续出台以促进科技进步为目的的政策，推动了我国创业投资业的初步发展。

20世纪90年代初，市场化的投资资本敏锐地预见了快速发展的中国经济对创业投资的迫切需要，一些境外创投机构开始进入市场。1998年，“中国风险投资之父”成思危提出设立创业板及分三步走的发展思路：一是在现有法律框架下，成立一批创业投资公司；二是建立创业投资基金；三是建立包括创业板在内的创业投资体系。2000 年深交所筹建创业板，大量创投机构应运而生，其间如深创投、达晨创投、同创伟业等著名创投机构诞生。

1.2 创业投资的界定

2000 年以前，“venture capital”大多被译为“风险投资”，特指风险投资公司对高新技术产业的投资。2003 年，刘健钧等学者认为，“venture capital”指人们对较有意义的冒险创新活动或冒险创新事业予以资本支持，需从“支持创业的投资制度创新”的角度理解其“与创业相适应的资本经营过程”这一本质，故“venture capital”应译成“创业投资”。于是，在一些文献、政府文件中采用了“风险投资”和“创业投资”两种说法。我国台湾、香港等地区的学者认为，根据“venture capital”的英文语义、意境及其本质内涵，将“venture capital”翻译为“创业投资”较为妥帖。

经济合作与发展组织（OECD）对于“venture capital”有过三种不同的表述：创业投资是投资于以高科技和知识为基础，生产与经营技术密集型的创新产品或服务的投资；创业投资是专门购买在新思想和新技术方面独具特色的中小企业的股份，并促进这些中小企业的形成和创立的投资；创业投资是一种向极具发展潜力的新建企业或中小企业提供股权资本的投资行为。

林德（Rind）认为，如果一项投资行为具备以下特征，即可称为创业投资：创立新企业或挽救、扩展现有的企业；投资于高风险、高利润的地方；进行投资之前，有周密的分析研究和详尽的调查工作；使用各种不同的投资工具于不同的投资活动；进行长期投资；直接参与所投资企业的经营，为其所参与的投资计划提供更多的附加值；努力使其资本利得最大化。

成思危认为，创业投资是指把资金投向蕴藏着较大失败危险的高新技术开发领域，以期成功后取得高资本收益的一种商业投资行为。

万志勇认为，创业投资是指投资于创业企业，并通过资本经营服务，培育和辅导创业企业成长，以期分享其高成长带来的长期资本增值。它包含三层含义：投资对象是创业企业，以区别于对非创业企业的投资；不仅提供资本金支持，而且提供特有的资本经营等增值服务，以区别于单纯的投资行为；

在企业完成创业使命后即退出投资，以实现自身的资本增值，进行新一轮的创业投资，以区别于那种长期持有所投资企业股权，以获取股息红利为主要收益来源的普通资本形态。

匡晓明认为，创业投资是由确定多数或不确定多数投资者以集合投资方式设立基金，委托专业性的创业投资管理机构管理和运用基金资产，主要对未上市创业企业提供权益性资本，并通过资本经营服务直接参与企业创业过程，以期获取企业创业成功后高资本增值的一种特定类型的投资。

国家发展改革委等十部委出台的《创业投资企业管理暂行办法》第二条指出，“创业投资，系指向创业企业进行股权投资，以期所投资创业企业发育成熟或相对成熟后主要通过股权转让获得资本增值收益的投资方式。”

综合来说，编写组认为，创业投资是指向初创型企业进行股权投资，通过提供增值服务推动企业成长，以期在未来获取高额资本增值收益的一种长期投资。

1.3　创业投资市场主体

创业投资市场主体主要包括投资者、创业投资机构、创业企业和中介服务机构，各主体在创业投资市场中有着互补的资源禀赋，其中创业投资机构在整个创业投资活动中处于核心地位。

投资者是创业投资市场的资金供给主体，拥有闲置的社会资本。投资者委托创业投资机构管理投资资金，参与股权投资，以其投资资金承担投资风险，获得投资回报。按照资金来源不同，投资者一般有个人投资者、机构投资者和政府引导资金。

创业投资机构是创业投资活动的实际管理者和运营者，是连接投资者和创业企业的媒介，是创业投资市场中的核心主体。创投机构由具有丰富行业经验和资本市场经验的专业人士担任管理人，为基金发现投资机会、甄别投资风险、开展投资谈判和定价、做出投资决策，并为创业企业提供增值服务，推动企业更快成长，最终实现资本的溢价退出。

创业企业是创业投资的投资对象，是实现创业投资资本增值的载体。通常能从创投机构获得资金的创业企业，多为有较大市场空间、具有核心竞争力的高技术企业或高成长性企业。

中介服务机构是创业投资市场中的服务企业，是创业投资市场中不可或缺的有机组成部分，具有专业性、全面性、审慎性和独立性的特点。一般包括投资银行、律师事务所、会计师事务所、技术咨询机构、专业市场调查机构等中介机构。

1.4　创业投资过程

从创投机构的运营角度来说，创业投资有资金募集、项目投资、投后管理、项目退出，即募、投、管、退四个阶段。

（1）资金募集。目前创业投资多由专业的创投机构运作和管理，投资资金以募集为主。在主流的有限合伙形式下的创业投资基金中，出资人称为有限合伙人（LP），创投管理机构称为普通合伙人（GP）。在现有的管理制度规定下，资金募集需面向符合规定的合格投资人按照合规的募集方式进行。

（2）项目投资。创投机构负责搜集项目、进行初选审查、项目立项与尽调、项目评估、交易结构设计、投资谈判和签订投资协议。在项目的投资选择与决策方面，经验丰富的创投机构已形成自成体系的投资逻辑和判断标准。

（3）投后管理。投资后，创投机构即成为创业企业的股东、合作者和顾问，对创业企业提供增值服务，推动企业在团队、市场、技术、管理等多方面的效率提升和运营增长。目前，越来越多的创投机构重视和落实投后管理。

（4）项目退出。退出是创业投资的最后一步，也是衡量投资成败和绩效的关键。从退出方式来说，一般有企业 IPO 上市、并购退出、回购或转让、清算或破产等。在我国现有资本市场环境下，并购退出将是最重要的退出方式。

第2章　发展环境

2017年，中国创业投资市场募资、投资双双突破万亿元大关，管理资本总量占全国GDP的1.5%，创业投资在整个国家发展战略中的地位空前地凸显，服务实体经济的职能越来越明显。政策层面上，政府也提出要促进创业投资持续健康发展，以支持经济结构转型升级。

2.1　市场环境

2.1.1　2017年广东宏观经济运行状况回顾[①]

2017年，以供给侧结构性改革为主线，广东着力推动结构优化、动力转换和质量提升，宏观经济运行好于预期；经济活力、动力和潜力不断释放，稳定性、协调性和可持续性明显增强，继续保持平稳健康发展。

（1）广东经济保持稳定，整体态势好于全国。根据广东省统计局发布的信息，2017年广东经济运行总体呈现平稳态势，实现地区生产总值89879.23亿元，按可比价格计算，同比增长7.5%，增幅与2016年同期持平，占全国的10.5%。与全国相比，广东地区生产总值、规模以上工业增加值、固定资产投资额同比增幅分别高于全国平均水平0.6个、0.6个和6.3个百分点；人均地区生产总值超过8万元，达到81089元，是全国平均水平的1.36倍，其中珠三角地区人均地区生产总值为12.48万元。从经济总量上看，广东省以接近9万亿元的经济总量，再次力拔头筹，连续29年居全国第一。

① 广东省统计局．2017年广东宏观经济运行简况［R］．2018.

（2）产业结构合理布局，稳定增长。2017 年，广东省三次产业结构从 2016 年同期的 4.6：43.4：52.0 调整为 4.2：43.0：52.8，第三产业占比提高 0.8 个百分点。三次产业实现增加值分别为 0.38 万亿元、3.86 万亿元、4.75 万亿元，对地区生产总值增长的贡献率分别为 2.0%、39.8%、58.2%。第一产业增幅提升，农业生产丰收，全省粮食、蔬菜、园林水果、牛肉、禽蛋产量均有不同程度的增长。第二产业增长加快，工业生产形势向好。规模以上工业实现增加值 3.3 万亿元，同比增长 7.2%。其中，电子、电器和汽车三大支柱产业对规模以上工业增加值增长的贡献率达 62.6%，比上年提高 4.9 个百分点。民营工业继续保持较高增速，规模以上民营工业完成增加值 1.69 万亿元，同比增长 10.6%，民营工业对规模以上工业增加值增长的贡献率达 73.3%，拉动规模以上工业增加值同比增长 5.3 个百分点。工业增长的同时，工业转型升级也在不断推进，从工业结构看，先进制造业（新口径）和高技术制造业增加值占规模以上工业增加值比重分别为 53.2% 和 28.8%，同比提高 1.6 个和 0.2 个百分点。从经济类型结构看，民营经济增加值占地区生产总值比重达 53.8%，同比提高 0.2 个百分点。第三产业保持较快增幅，其中，交通运输、仓储和邮政业、金融业和其他服务业发展较快，同比分别增长 9.2%、8.8% 和 12.1%，三类行业合计对地区生产总值增长的贡献率达 45.6%。

（3）投资结构调整优化。2017 年，一方面，广东省固定资产投资增速同比提升，全年完成固定资产投资 3.75 万亿元，增长 13.5%。其中，基础设施投资增长 24.3%，增幅同比提高 18.6 个百分点，是 2010 年以来同期最高增速。另一方面，工业投资向高端集约化靠拢，工业技术改造投资、装备制造业投资、高技术产业投资分别同比增长 26.7%、19.3%、27.6%。与此同时，服务业投资也在快速发展，同比增长 16.2%。

2.1.2 2017 年金融环境回顾

2017 年，全球经济增长步伐加快，国际金融市场总体稳定，主要经济体货币政策转向。面对错综复杂的国际国内经济金融环境，我国国民经济运行保持了较强韧性和稳中向好的态势，经济增长由高速增长向高质量增长转变。金融市场总体运行平稳，金融改革深入推进，制度建设和基础设施建设不断加强，市场结构和产品体系更趋完善，市场双向开放水平进一步提高，强化了金融监管和防范化解系统性金融风险，金融市场回归本源，推动供给侧结构性改革、服务实体经济的效率和水平持续提升①。

（1）社会融资规模稳步增长。中国人民银行《2017年金融统计数据报告》显示，2017年我国社会融资规模增量累计为19.44万亿元，比2016年多1.63万亿元。其中，对实体经济发放的人民币贷款增加13.84万亿元，同比多增1.41万亿元。从结构看，2017年对实体经济发放的人民币贷款占同期社会融资规模的71.2%，同比高1.4个百分点②。

（2）总量中性，结构优化。2017年我国货币政策首次引入"中性"表述以区别以往的中性偏松，在货币政策发生方向性调整的指引下，2017年资金供应基本呈现"前松后紧"的态势：从7月起金融机构新增人民币贷款规模逐月下降，社会融资规模存量累计同比从7月的13.20%下降到12月的12%，M2③同比增速为8.2%，达到历史新低，但作为支持实体经济发展的金融业并非真正遇冷。M2增速创新低，主要是由于金融监管加强，金融部门内部资金循环和嵌套减少，导致由此派生的存款减少；从贷款结构看，金融机构对服务业、先进制造业、基础设施等领域的资金支持力度较大，对产能过剩行业的信贷投放规模收缩。

（3）投融资市场复苏，总体回暖。2014年开始投融资事件及金额呈现爆发式增长；2016年遭遇"资本寒冬"，投融资事件数有所回落，但从投资金额来看仍是一直保持着增长的态势。2017年国内投融资市场保持复苏迹象，投融资事件数量较2016年同期有所增长，但在第三季度开始有所放缓，而最后一个季度呈现爆发式增长，全年监测总计投融资事件数量共10279起。较2016年同期投融资对比，2017年全年的一级市场融资事件主要集中在天使轮和A轮，分别达到2016起和1619起，分别占比26.47%和21.26%，融资阶段开始在成长期扩大，资本聚焦于A轮前项目较多，显示创业投资市场明显复苏，成长期企业备受瞩目。二级市场IPO上市增速明显，IPO上市事件也达到了576起。由于创业生态、资本聚集、产业效应等因素，北上广、浙江、江苏依旧是国内投融资事件的集中高发地。

（4）资本监管向严，资本市场脱虚向实。2017年的资本市场是稳定、合规、监管压倒一切的一年。从年初证监会提出"捉妖打怪"论到再融资新

---

① 中国人民银行.2017年中国金融市场发展报告.

② 中国人民银行.2017年金融统计数据报告.

③ 广义货币（M2）=M1+准货币（定期存款+居民储蓄存款+其他存款+证券公司客户保证金+住房公积金中心存款+非存款类金融机构在存款类金融机构的存款）

规、减持新规，再到年底针对委贷、银信等业务的监管组合拳，中国资本市场越发成熟稳重。一级市场主板、创业板发审委合并，IPO 过审更加严格，在提升上会速度的同时确保资本市场源头的质量，有效缩小了 IPO“堰塞湖”规模。2017 年共有 438 家公司登陆 A 股，是 A 股历史上新股发行数量最多的一年。新股发行质量与数量并重，2017 年以来上市的新股基本面状况好于 2015 年、2016 年上市的新股。新上市公司中制造业 IPO 公司数量最多，符合“脱虚向实”的政策导向。大发审委严把 A 股质量关，对拟 IPO 公司的业绩要求更严，业绩不再是唯一的重点，公司业绩的真实性、内控管理规范程度等规范性问题，以及持续盈利能力、募集资金投向的合理性等实质性问题，均是大发审委关注的重点①。

2.1.3 2017 年创业投资市场回顾

创业投资行业在我国起步相对较晚，至今不过 30 年的历史，但近年进入了发展的快车道，成为我国金融行业中不可忽视的一股新生力量。自 2015 年起，中国股权投资规模增长很快，募资金额首次突破 1200 亿美元，投资案例数、投资总额均创下历史新高。

随着近年来中国私募股权投资市场规模的扩大，其投资总量占我国 GDP 比重不断增长，对实体经济的支持作用正在逐渐显现。2017 年中国股权投资市场投资总量占我国 GDP 比重达到 1.5%，较 2016 年提升 0.5%，创历史新高。投资方面，2017 年中国股权投资市场共发生投资案例数量 10144 起，涉及投资金额合计达到 1.2 万亿元人民币，同比分别增长 11.2%、62.6%。

回顾 2017 年，中国创业投资市场在资本存量、投资规模、投资环境等方面整体向好，持续健康、理性发展。

（1）资本存量逐年增长。截至 2017 年，可投资于中国大陆的资本存量总规模达 7681.35 亿元人民币，同比增长 23.3%。近两年资本存量增长迅速，主要原因是 2016 年和 2017 年募资环境较好。

（2）人民币基金主导地位凸显。2017 年中外创业投资机构新募集 895 只基金，从基金币种看，895 只新募集基金中有 859 只基金是人民币基金，共新募集 3008.28 亿元。从新募基金数量来分析，2017 年外币基金占比持续减

---

① 五矿经济研究院. 2018 年金融经营环境展望.

少，仅占 4%；从募集金额分析，外币基金占 13.5%。人民币基金募资自 2016 年爆发式增长之后，在 2017 年继续稳定上升，人民币基金在中国创业投资市场的主导地位愈加明显①。

（3）投资规模不断攀升。清科研究中心私募通数据库显示，2017 年中国创投市场共发生投资 4822 起，同比增长 30.9%。其中，披露投资金额的 4437 起投资交易共涉及 2025.88 亿元人民币，比 2016 年增长了 54.3%；在披露案例的全部投资交易中，平均投资规模也在不断攀升，达到 4565.89 万元人民币，同比增长 18.9%。2017 年中外创投机构加大市场投资力度的主要原因是，募资经过两年的快速发展，创业投资机构手握大量资金，从而拉高了投资规模②。

（4）投资集聚效应明显。在 2017 年中国创投市场所发生的 4822 起投资中，50% 以上都集中在互联网、IT 和生物技术这三个行业中。从投资案例数方面看，互联网行业以 956 起交易继续位列第一，但与第二名的差距已逐渐缩小；IT 行业期间共发生 927 起交易，紧随其后；第三名为生物技术/医疗健康行业，共发生投资 626 起。从地域角度分析，一线城市仍为主要的投资地域，近 60% 的投资案例和投资金额分布在北、上、深三个城市。

（5）行业技术发展迭代快速。“新、快”是创投行业永恒的主题。2017 年，涌现出了人工智能、共享经济、新零售等新的投资风口，同时，BAT（百度、阿里巴巴和腾讯）的大手笔投入，正重塑着传统的创投模式。从 2014 年的“互联网 +”，到 2017 年的“AI +”，创投行业技术发展迭代速度加快。技术的进步、创业环境的日趋完善，导致创业变得越来越容易，创业速度越来越快。

2.2　政策环境

政府的支持与导向，对推动我国创业投资行业的发展有着举足轻重的作用。早在 2015 年政府工作报告中，李克强总理就指出，打造大众创业、万众创新的行业生态和增加公共产品、公共服务的市场规模，成为推动中国经济

① 清科研究中心．2017 年中国股权投资市场回顾与展望．

② 清科研究中心私募通数据库。

发展调速不减势、量增质更优，是实现中国经济提质增效升级的“双引擎”。2016 年 9 月，国务院正式颁布《国务院关于促进创业投资持续健康发展的若干意见》（以下简称《意见》），即业内所称的创投“国十条”，称得上是我国创业投资发展史上的重要里程碑，是推动新时代创业投资发展的顶层设计，是纲领性文件。《意见》中提出十条 22 个方面近 60 项发展政策和改革举措，涉及创业投资全方位、全过程的方方面面①。2017 年 4 月，财政部和国家税务总局联合发布《关于创业投资企业和天使投资个人有关税收试点政策的通知》，明确提出针对创业投资企业和天使投资个人应纳税所得额的抵扣政策，试点地区涵盖京津冀、上海、广东、安徽、四川、武汉、西安、沈阳 8 个全面创新改革试验区域和苏州工业园区。同样，2017 年 4 月，由国家发展改革委出台的《政府出资产业投资基金管理暂行办法》正式施行，针对基金的募资、投资、管理、退出等环节，以信息登记、绩效评价和信用评价的方式对政府出资产业投资基金运行进行宏观信用信息监督管理。从创投“国十条”到给天使投资减免税收，再到对创业投资基金做出新的制度性安排，围绕支持创业投资的新政频频出台，充分显示了国家监管层对发展创业投资行业的决心。

为贯彻落实《意见》、进一步促进广东省创业投资持续健康发展，广东省政府于 2017 年 5 月出台《广东省加快促进创业投资持续健康发展的实施方案》（以下简称《方案》），覆盖税收优惠、营商环境优化、监管环境优化、信用环境优化、人才和机构引进等一系列扶持鼓励政策，并明确要打造“华南风投创投中心”。在此基础上，广州市各区级政府、广东省各地级市陆续出台了一些具体的扶持政策和实施办法，力求打造一个完善、优越的创业投资政策环境，引导、推动着全省创新驱动发展各项工作的稳步进行。

（1）落实税收优惠政策。广东省是创业投资税收优惠试点地区之一，《方案》中对这一税收优惠进行了落实，明确规定：创业投资机构、天使投资个人采取股权投资方式直接投资于种子期、初创期科技型企业满 2 年的，按国家规定实行应纳税所得额抵扣政策。佛山市政府发布的《加快股权投资行业集聚发展实施办法》中也明确提出，针对不同类型的股权投资企业、创业投资企业及天使投资个人，凡符合国家政策规定的，均可按规定享受相应

① 潘晓娟，沈志群．制订“创业投资管理条例”势在必行［J］．中国经济导报，2017-11-15.

的税收优惠。创业投资税收优惠政策的落实，有助于培育、壮大股权投资、天使投资人群体，给予创投行业更大的发展空间。

（2）完善发展扶持政策，促进创投行业的集聚发展。为促进各类股权投资企业、股权投资管理企业在广东省的规范、集聚发展，全省各地级以上市在基金落户、投资奖励、置业补助、基金管理机构和核心管理团队奖励等方面纷纷出台支持力度更大的政策措施，从优化企业注册流程，到给予落户奖励、办公用地补贴，再到管理能力奖励、经营贡献奖、人才奖等，全方位吸引、鼓励股权投资企业在穗落户。以广州市为例，为大力推进广州股权投资基地建设，引导更多的股权投资类企业在广州落户，广州市率先开闸放开股权投资类企业的工商注册；根据管理资金规模，给予股权投资管理机构累计最高1500万元的管理能力奖励；大力发展总部经济集聚效应，对2010年及之后新迁入广州或在广州新注册设立且经认定为总部企业（含综合型总部、地区总部和职能型总部）的，最高给予800万元落户奖励，最高200万元租房补贴，以及其他总部企业优惠政策①；广州南沙区政府为打造“一带一路”金融服务枢纽和国际化创新型金融中心，对区内符合条件的股权投资企业、金融机构，给予最高1800万元落户奖励。此外，全省积极实施企业研发投入财政后补助、科技创新券补助等一批普惠性科技扶持政策，技术入股、科技成果自主处置权和收益分配等改革进展顺利。

（3）完善创业投资高层次人才激励政策，充分吸纳、壮大人才队伍。人才是第一资源，人才建设有保障，更多创新型企业才得以培育。全省各地市出台的扶持政策中，人才激励政策比比皆是。比如广州市，明确提出风险投资类企业按相关规定可申报广州市高层次金融人才、广州市人才绿卡，享受人才落户、购房购车、子女入学等方面的优惠待遇。此外，广东省通过实施“千人计划”“珠江人才计划”等重大人才工程，累计引进6批共163个创新创业团队，2017年新增5位“两院”院士，广东的创新型人才队伍不断壮大，创新创业氛围日益浓厚。

（4）实施“八大举措”，建立完善创新服务体系。为培育更多高成长性中小企业甚至较大型企业的创新创业生态，2017年广东省委、省政府组织实施包括高新技术企业培育、新型研发机构建设、企业技术改造、孵化育成体系建设、高水平大学建设、自主核心技术攻关、创新人才队伍建设、科技金

① 广东省创业投资协会．注册指南及政策汇编．

融结合的“八大举措”，国家科技产业创新中心建设实现良好开局，科技创新综合实力显著增强，企业创新主体地位也得到显著提升。数据显示，2017年广东省国家高新技术企业总量预计超过 3 万家，产值 5 亿元以上的大型工业企业实现研发机构全覆盖，实现了 21 个地市孵化器、众创空间全覆盖，2017 年底广东省科技企业孵化器达 690 家，新增毕业企业超 1500 家，吸纳就业人数超 26 万人①。

（5）构建多层次创新平台，打造区域创新格局。2017 年，广东省委省政府出台了《广深科技创新走廊规划》，依托“一廊十核多节点”的空间格局，着力集聚创新人才、科技成果、创新型企业，抢占关键核心技术制高点，构建多层次创新平台体系，营造国际一流创新生态，建设具有全球吸引力的人居环境，创新体制机制，加快形成以创新为主要引领和支撑的经济体系和发展模式，打造中国“硅谷”。广深科技创新走廊总定位是为全国实施创新驱动发展战略提供支撑的重要载体，具体定位为全球科技产业技术创新策源地、全国科技体制改革先行区、粤港澳大湾区国际科技创新中心的主要承载区、珠三角国家自主创新示范区的核心区。深圳、广州的龙头带动作用更加凸显，“1 +1 +7”的区域创新格局加速形成②。值得一提的是，粤港澳大湾区建设已经写入党的十九大报告和政府工作报告，提升到国家发展战略层面。在粤港澳大湾区中，香港地区拥有活跃的国际资本、知名高校，广东则拥有完善的生产上下游链条。未来，需要把广州、深圳、香港、澳门四地在风险投资方面的不同优势结合起来，让风险投资更加灵活高效运转。

（6）政府引导基金强力介入，助力创业投资融资渠道拓展。业内称为“创投国家队”的政府引导基金在资本运作、管理输出及资源对接等方面独具优势。《意见》中也明确提出充分发挥政府设立的创业投资引导基金作用，充分发挥国家新兴产业创业投资引导基金、国家中小企业发展基金、国家科技成果转化引导基金等已设立基金的作用，加强规范管理，加大力度培育新的经济增长点，促进就业增长。“创投国家队”的出现，不仅让创投市场内人民币基金的规模变大，更有望促进国家战略新兴产业的进一步发展。2016年以来，为了使社会资金更积极地回归实业，在创业投资领域，从国家层面

---

① 广东省科技厅. 2017 广东区域创新能力全国第一.

② 广东省委省政府. 广深科技创新走廊规划.

已经设立了多项1000亿元级政府主导基金，来促进创业创新，规范股权投资。截至2017年底，全国设立政府创业投资引导基金共计483只；累计出资620.9亿元，引导带动创业风险投资机构管理资金规模合计2913.2亿元[①]。作为广东省的“创投国家队”，广东省创业引导基金由广东省级财政出资5亿元作为引导，目标总规模为50亿元，按“政府引导、市场运作、科学决策、防范风险”的原则运作，主要采取“母子基金”的模式，通过股权投资方式，重点支持高校毕业生、科技（海归）人员等群体在新材料、新能源及节能环保、生物医药、文化创意、电子信息、高端装备制造、互联网和移动互联网、现代农业、生活服务业等行业或领域创办的初创企业以及带动就业效果较为突出的企业[②]。政府引导基金的设立，体现了国家层面创业带动就业的决策部署，通过政府引导基金的导向，鼓励国内外优秀基金管理机构结合自身优势发起设立创业引导子基金，有效加大了对处于初创期企业的融资支持力度，全面推进大众创业、万众创新。

（7）积极引导金融资源向科技领域配置。2017年11月，珠三角国家自主创新示范区科技金融工作推进会在广州召开，广东省副省长黄宁生在会上要求，全省各地、各有关部门要遵循科技创新和金融创新的客观规律，积极引导金融资源向科技领域配置，重点做好引导发展科技信贷、培育发展创业投资、发展多层次资本市场、完善科技金融服务体系等方面工作，大力构建多层次、多渠道、多元化的科技投融资体系，促进科技与产业、市场、资本高效对接，走出一条具有广东特色的科技金融结合道路，为全省实施创新驱动发展战略、建设国家科技产业创新中心和创新型广东提供有力支撑。目前全省21个地市均通过财政设立风险补偿金池或贷款贴息等方式，鼓励银行扩大科技信贷，全省资金池规模超过60亿元[③]。

在政策利好的带动下，广东创新环境和绩效处于全国领先地位。广东全省研发经费支出从1236亿元增加到超过2300亿元，居全国第一，同比增长15.2%，总量连续两年保持全国首位。广东新增3个国家级高新区，国家级高新技术企业从6652家增加到3万家，跃居全国第一。高新技术产品产值达6.7万亿元，年均增长11.4%。有效发明专利量、专利合作协定（PCT）国

---

① 刘垠.《中国科技金融生态年度观察2018》发布，我国创业投资市场规模进一步扩大.中国日报网.

② 广东省创业投资协会.广东省创业引导基金申报指南.

③ 广东省科技厅.广东省召开珠三角国家自主创新示范区科技金融工作推进会.

际专利申请量及专利综合实力连续多年居全国首位，技术自给率和科技进步贡献率分别达 72.5% 和 58%[①]。

小　结

2017 年，1.3 万家投资机构，8.7 万亿元管理资本，13.7 万登记从业人员，全球第二大股权投资市场……这一系列的数据表明，中国的创投行业在经历了发展摸索期、快速发展期、阶段调整期后，当前正处于蓬勃发展阶段[②]。

在金融去杠杆、稳增长的大环境下，国家出台了一系列投资新政，明确了资本市场改革的顶层设计，同时，政府通过成立引导基金，引导资金投资流向，经济运行中出现的金融"脱实向虚"局面已有改观，金融和实体经济关系正在发生积极的变化。这些政策的出台，有利于市场规范，从而进一步推动创投行业繁荣发展[③]。不过 2018 年以来，市场环境发生了新的变化，创投行业准入门槛更高，监管更为严格，在政策上也出现了反复，但在大趋势上经济发展已离不开创业行业，创新创业企业更有赖于创投机构的支持，总体来说，市场环境和政策面仍是有利于行业发展。

就广东省而言，得益于全省稳健增长的宏观经济状况，加上民营资本活跃、产业基础扎实，优质项目储备丰富，广东省对风投创投资本的吸引力较强。由于在全国创新核心地位持续增强，广东已成为早期投资机构偏爱地区之一，同时也已成为全国最大股权投资市场之一。粤港澳大湾区建设、广东不断强化的政策助力和持续提升的经济质量，将带动广东创新创业加速发展。

---

① 广东省人民政府. 2018 年省政府工作报告.

② 清科研究中心. 2017 年中国股权投资市场回顾.

③ 前海创投孵化器. 中国创投行业的发展现状及投资机会.

广东省创业投资市场分析

第3章 广东省创业投资市场概况

2017年，广东省创业投资活跃，新增募集、投资案例数和投资金额均达到历史高峰，增长明显。退出情况尚好，但退出总量有所下降。

3.1 广东省创投机构情况

2017年广东省创业投资市场共有基金机构2943家，机构总数占全国比重21.76%，位列全国首位。从机构管理资本规模来看，创业投资基金机构多以2亿元以下的小规模机构为主，私募股权类机构也多为20亿元以下基金规模的管理机构。从机构性质来看，公司制企业占绝大多数，且占比相对全国数略高；同时，相对私募股权类机构而言，创业投资类基金机构的合伙制企业占比略高。另据清科研究中心统计，2017年广东新募创业投资基金机构193家，为近十年来最高，且相对于2015年、2016年保持较快发展态势。总体而言，2017年广东创业投资基金机构在小规模管理资本的绝对优势背景下，本土创业投资基金机构实现了快速扩张，并且机构数量、资金规模等在全国各省区都保持领先地位。

3.1.1 创业投资机构发展情况

中国证券投资基金业协会数据显示，截至2017年底，我国创业投资市场注册并备案的私募股权基金机构和创业投资基金机构数量分别达到了9825家和3398家，广东省两类机构数量分别为2276家、661家，占全国总数的23.17%和19.66%，在各省市排名中均位居首位；但近两年来，无论是创业投资基金，还是私募股权基金，机构数量的年度增幅均出现明显下滑，2017年增长率分别从2016年的37.64%和27.33%，下降至10.91%和5.96%，是近五年来增幅最慢的一年。由此可见，在短时间内广东创投行业市场行业机构数量渐趋饱和。具体如图 3 –1 所示。

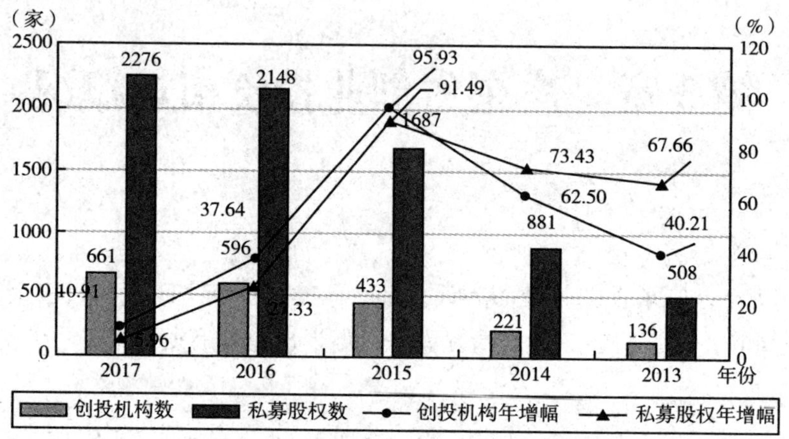

图 3 –1　近五年来广东创业投资机构数量

数据来源：清科研究中心私募通数据库。

3.1.2　创业投资机构资本结构

（1）私募股权基金机构。表 3 –1 中数据显示，2017 年广东省 20 亿元以下资本规模的私募股权基金机构数量达到了 2129 家，全省占比为 93.54%，高于全国的 92.57% 同类占比水平。广东省 20 亿～50 亿元、50 亿～100 亿元中等资本规模和 100 亿元以上大资本规模的机构数量占比均低于全国水平，尤其是 100 亿元以上的大规模机构仅有 23 家，占比仅为 1.01%。以上数据表明，在机构数量上，广东省小资本规模的私募股权基金机构在全省创业投资市场中占绝对优势，机构的规模效应有待进一步提升。

表 3 –1　　2017 年广东、全国私募股权基金机构规模分布

资本规模	广东		全国		占全国比例（%）
	数量（家）	百分比（%）	数量（家）	百分比（%）	
100 亿元以上	23	1.01	138	1.40	16.67
50 亿～100 亿元	38	1.67	184	1.87	20.65
20 亿～50 亿元	86	3.78	408	4.15	21.08
20 亿元以下	2129	93.54	9095	92.57	23.41
总计	2276	100.00	9825	100.00	23.17

数据来源：中国证券投资基金业协会。

（2）创业投资基金机构。在广东省创业投资基金机构管理资本规模分布上，如表3－2所示，2017年2亿元以下管理资本规模的机构数量达到548家，占比为83.43%，高于全国同类77.02%的占比水平。广东2亿～5亿元、5亿～10亿元等中等规模以及10亿元以上大规模的创业投资基金机构占比均低于全国水平，彰显了广东省创业投资基金机构的发展重心继续聚焦小规模管理资本的行业现状。

表3－2　　2017年广东、全国创业投资基金规模分布

管理资本	广东		全国		占全国比例（%）
	数量（家）	百分比（%）	数量（家）	百分比（%）	
10亿元以上	30	4.50	155	4.56	19.35
5亿～10亿元	24	3.65	147	4.33	16.33
2亿～5亿元	65	9.88	479	14.10	13.57
2亿元以下	548	83.43	2617	77.02	20.98
总计	667	100	3398	100	19.62

注：依据中国证券投资基金业协会的相关分类标准，将创业投资基金管理资本规模分为四个等级，分别是10亿元以上、5亿～10亿元、2亿～5亿元、2亿元以下四个等级区间。

数据来源：中国证券投资基金业协会。

（3）10亿元及百亿元以上规模创投机构类别。如表3－2所示，2017年广东省10亿元以上规模创投机构有30家，其中国有创投机构在数量上占1/2，而从管理规模上来说，据以往数据及实地调研推测，国有创投机构管理规模在10亿元以上机构中占80%以上。广东省百亿元及以上规模创投机构有23家，其中国有创投机构14家，占60%以上。创投行业国有创投机构和头部创投机构的优势更为明显。

3.1.3　新募基金机构总体情况

根据清科研究中心的相关统计数据，如图3－2所示，2017年广东省创业投资新增机构数量呈“井喷式”增长，数量从2016年的100家增长至193家，增长率达到93%的高水平，凸显出了创业投资市场高速发展和积极向好的行业发展趋势。

2012～2017年，广东省创业投资机构（已备案和未备案）的年度数量

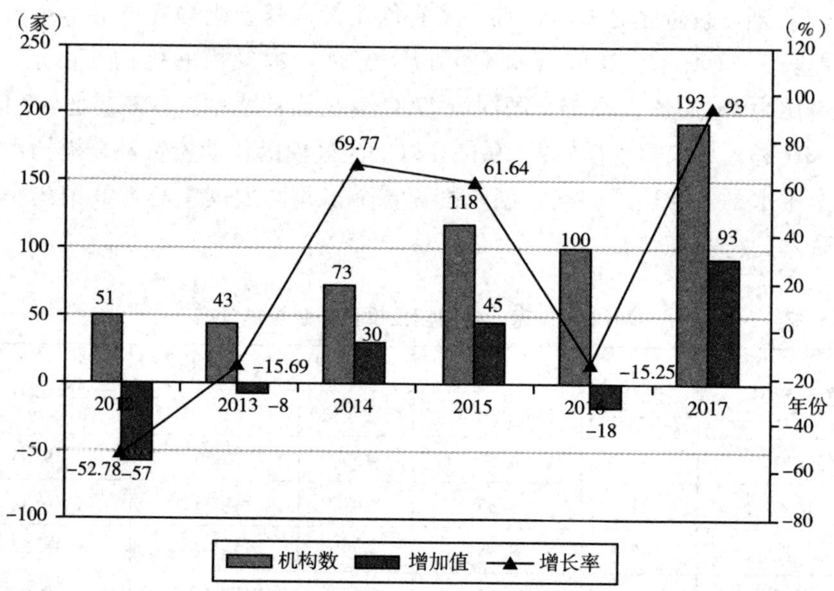

图 3－2　2012～2017 年广东省创业投资机构数量增长情况（按新募基金数量）

数据来源：清科研究中心私募通数据库。

（按 VC 创业投资机构的当年新募集基金数量计，后面数据均为 VC 创投机构统计数据）从 51 家增长至 193 家，增幅达到 278.43%，年均增幅在 40% 以上，并于 2017 年创业投资机构数量实现历史新高点的 193 家，与 2016 年相比增长了 93%。

3.2　广东省创业投资基金募资情况

从新募基金数量全国占比来看，如图 3－3 所示，2015～2016 年呈现降温特点，广东新募基金数量占全国比重持续下降，并于 2016 年降至历史最低点 15.72%。但在国家高度重视和扶持创新创业的背景下，2017 年创业投资行业迎来了发展“黄金期”，全国新募基金数量达到 895 家，增长率达到 40.72%；而广东省依托良好区位优势和“一带一路”重要节点建设，创业投资市场保持良好发展势头，新募基金机构实现了新突破，占全国比重达到 21.56%，高于历史均值且具有持续增长趋势。

在新募基金机构的企业性质上，如图 3－4 所示，2017 年在广东省 193

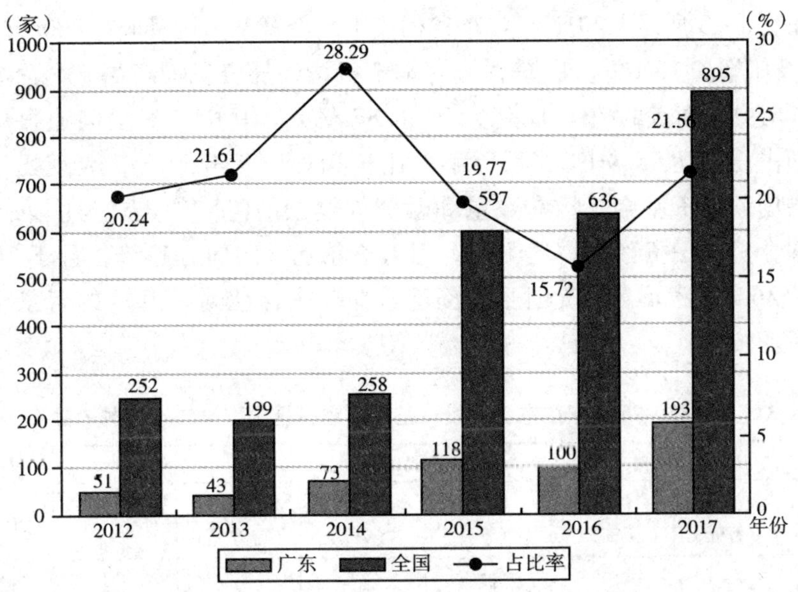

图3-3　2012~2017年广东省、全国新募基金数量（含未披露）及广东省占比

数据来源：清科研究中心私募通数据库。

家新募基金机构中仅有2家外资新募基金机构，占新募基金机构总数的比重降至1%左右，没有合资新募基金成立，具有外资企业性质的新募基金数量处于低位运行状态。

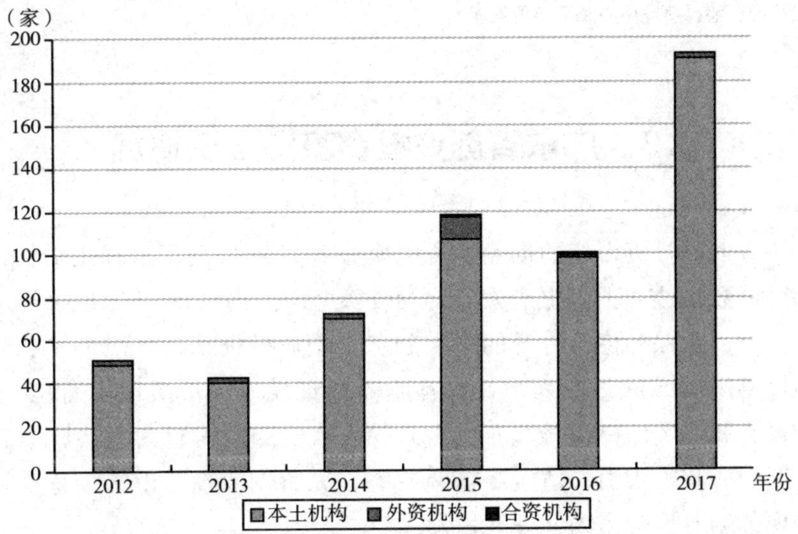

图3-4　2012~2017年广东创业投资基金新募集机构类型比（按基金数量）

数据来源：清科研究中心私募通数据库。

如表 3 – 3 所示，2017 年广东省创投市场新募基金融资额达 800. 96 亿元，较 2016 年增长 10. 6%。广东省境内本土机构、外资机构新募基金融资额均达到了历史最高点的 764. 09 亿元和 36. 87 亿元。其中，本土创业投资基金融资额占比高达 95. 40%，且历年占比长期处于 95% 以上，表现出了广东省本土创业投资基金机构在数量和融资规模上的绝对领先优势。外资创业投资基金机构融资额虽占比不高，但有逐年上升的向好趋势，且于 2017 年达到了 36. 87 亿元，外资创业投资基金在广东深化对外开放的背景下仍大有可为。

表 3 – 3　2012 ~ 2017 年广东创业投资基金募集机构类型比较（按融资额）

年份	本土机构		外资机构		合资机构		总计（百万元）
	数值（百万元）	占比（%）	数值（百万元）	占比（%）	数值（百万元）	占比（%）	
2012	9092. 1	100	未披露		0		9092. 1
2013	7638. 6	93. 28	550	6. 72	0		8188. 6
2014	34459. 14	97. 42	912. 88	2. 58	0		35372. 02
2015	36166. 89	96. 40	1299	3. 46	50. 1	0. 13	37515. 99
2016	72063. 97	99. 54	331	0. 46	未披露		72394. 97
2017	76408. 86	95. 40	3687. 2	4. 60	0		80096. 06

数据来源：清科研究中心私募通数据库。

3. 3　广东省创业投资基金投资情况

广东省创业投资市场的创业投资规模在 2017 年实现了跨越式增长，投资金额和案例数均达到了历史最大值，投资额全国占比自 2015 年以来再次突破 15% 的关卡，并保持稳中有升的增长趋势。创业投资基金在四个发展阶段创投标的投资规模保持了持续增长，各阶段投资规模逐步实现均衡化。另外，各轮次投资案例数保持持续增加，并以 A、B 轮融资需求为主。广东省积极实施创新创业政策指引，适应经济新常态，完善创业投资市场培育和管理机制，实现了创业投资市场又好又快发展。

3.3.1　创业投资市场投资规模

作为经济第一大省的广东，依托区位、人才集聚、政策等方面优势，创业投资市场规模长期稳居全国前列。如图 3－5 所示，2017 年创业投资基金投资总额达到了 319.47 亿元的历史高位，较 2016 年增长 86.32%，与 2012 年的 77.52 亿元水平相比其规模扩大了 4 倍以上，占全国的比重再次突破 15% 的关卡达到 15.77%；投资案例 855 项，与 2016 年相比增长了 48.70%，大幅跨越了广东创投市场 2016 年度的低水平负增长"寒冬期"，回暖复苏、快速发展态势明显。

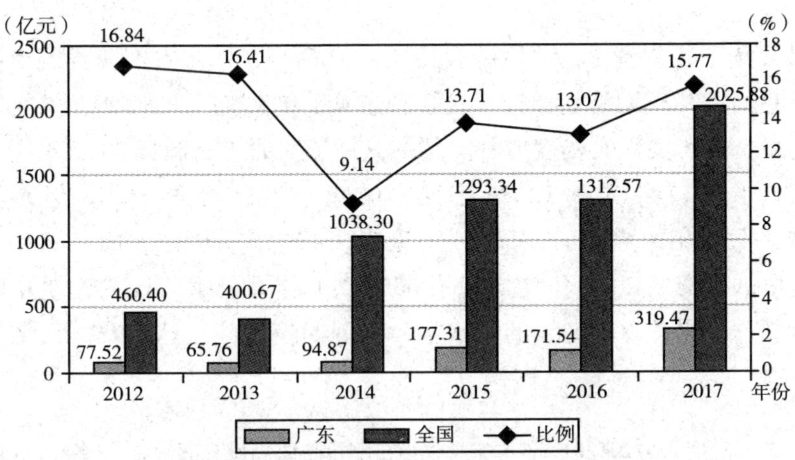

图 3－5　2012～2017 年广东省及全国创业投资市场投资总额情况

数据来源：清科研究中心私募通数据库。

从投资额和投资案例综合来看，如表 3－4 所示，广东省创业投资基金于 2017 年结束投资强度持续走低的趋势，达到了单个案例投资 0.3736 亿元的高水平。

表 3－4　　2012～2017 年广东创业投资市场投资总量比较

年份	投资额		投资案例		单例投资额（百万元）
	额度（百万元）	增长率（%）	数量（项）	增长率（%）	
2012	7752.03		157		49.38
2013	6575.80	－15.17	156	－0.64	42.15
2014	9487.03	44.27	264	69.23	35.94

续表

年份	投资额		投资案例		单例投资额（百万元）
	额度（百万元）	增长率（%）	数量（项）	增长率（%）	
2015	17730.94	86.90	585	121.59	30.31
2016	17154.32	-3.25	575	-1.71	29.83
2017	31946.89	86.23	855	48.70	37.36

数据来源：清科研究中心私募通数据库。

3.3.2 创业投资市场投资阶段分布

（1）创业投资基金的投资阶段特征。2017 年，广东省创业投资市场不仅在投资总额上实现大跨越提升，且在种子期、初创期、成长期、成熟期四个阶段的投资额均实现大幅度增长。其中，种子期的投资额自 2015 年实现零的突破后，于 2017 年达到 12.86 亿元，虽低于 2015 年的 16.18 亿元，但与 2016 年的数据相比增长了 23.68%（见表 3-5）。初创期、成长期和成熟期三个阶段的投资在 2017 年均实现了 60% 以上的增长率，且成长期和成熟期的投资额首次突破 100 亿元的高水平，初创期投资额也达到 92.29 亿元的历史高位。

表 3-5　2012~2017 年广东省创投市场投资阶段投资额分布　单位：百万元

投资周期	2012 年	2013 年	2014 年	2015 年	2016 年	2017 年
种子期				1618.26	1039.69	1285.88
初创期	2395.98	1051.78	2828.28	43345.33	5606.54	9228.89
成长期	2406.42	1389.78	4486.14	5923.76	4474.36	10107.65
成熟期	2904.66	4134.25	2071.03	5596.55	5864.95	11148.71
未披露	44.97		101.58	247.04	168.79	175.77

注：以企业周期理论为基础，根据创业投资基金投资标的成立时间、经营规模等特征，将创业投资基金投资标的发展阶段分为种子期、初创期、成长期和成熟期，将信息获取不全、划分界限模糊的被投资机构归类为未披露类。

数据来源：清科研究中心私募通数据库。

如图 3-6 所示，从阶段的投资额分布和变化来看，主要呈现如下特征：

第一，2017年初创期、成长期、成熟期各阶段的投资额占总投资额的比重分别为28.89%、31.64%、34.90%，除种子期外各阶段投资分布日趋均衡化；第二，初创期投资自2015年大幅攀升以来，近两年呈现投资回落，并趋稳定发展；成长期、成熟期投资规模波动趋势大体一致，年度投资额不断增加并趋稳定。

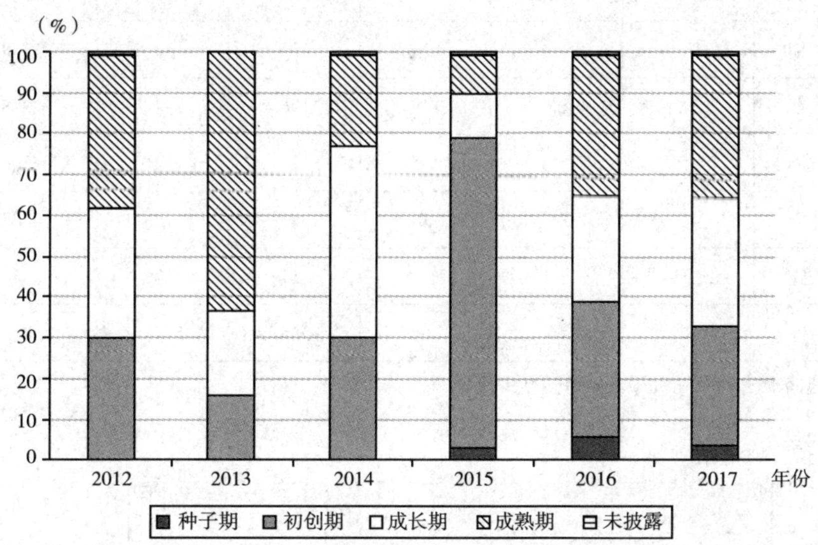

图3-6　2012~2017年广东省创投市场投资阶段投资额分布情况

数据来源：清科研究中心私募通数据库。

（2）各投资阶段的投资案例数量特征。2017年，广东省创业投资基金投资案例数量在四大阶段均实现了新突破，种子期案例数更是达到了348件，是2016年的4倍以上，占年度全阶段案例总数的40.7%，在各阶段案例数排名中上升至首位；初创期的案例数量于2017年达到了历史最高点的268项，占各阶段案例总数的31.35%，相较2016年而言，数量略有小幅度增加，发展渐趋平稳；成长期案例数量自2015年起逐年减少，2017年减至136项的新低水平，占全阶段案例总数的比重也降至15.91%；成熟期近三年来案例数量变化不大，2017年数量增至历年来的最高数85项，占所有周期案例总数的9.94%。此外，未披露的案例数量较少，2017年仅有案例18项，占总比仅为2.11%，充分体现了创投市场管理的规范性和信息披露的高效性。整体而言，数据显示，2017年广东创业投资市场迎来了“黄金期”，成功跨越

2016 年的“寒冬期”，市场信心逐步增强并走向成熟，从以追求低风险的成熟期投资过渡到种子期、初创期、成长期和成熟期四阶段投资平衡分布的状态，并且创投市场管理也日渐规范化。具体如表 3－6 和图 3－7 所示。

表 3－6　2012～2017 年广东省创投市场投资阶段投资案例数分布　单位：项

投资轮次	2012 年	2013 年	2014 年	2015 年	2016 年	2017 年
种子期				125	84	348
初创期	32	68	145	196	254	268
成长期	75	57	75	172	152	136
成熟期	47	31	38	81	78	85
未披露	3		6	11	7	18
总计	157	156	264	585	575	855

数据来源：清科研究中心私募通数据库。

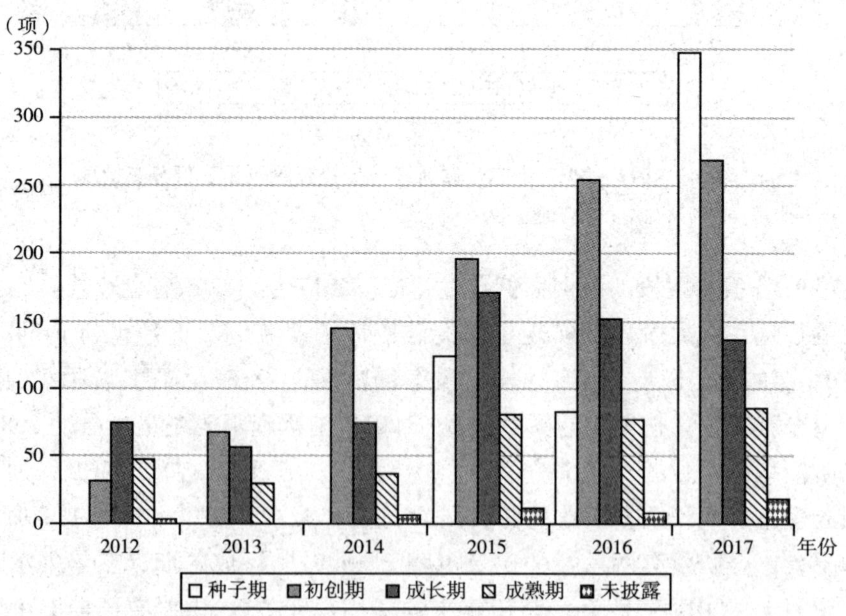

图 3－7　2012～2017 年广东省创投市场各投资阶段案例数分布

数据来源：清科研究中心私募通数据库。

3.3.3 创业投资基金投资轮次分布

2017 年，广东省创投市场重点聚焦 A、B 轮融资需求，两轮次的合计融资额占各轮次融资总额的 70.26%，与 2016 年相比，比例提升了 11.24%；两轮次的投资案例总数达到了 530 项，占各轮次案例总数的 75.82%，在各轮次融资规模排名中具有绝对优势。其中，B 轮融资在 2017 年首次超越 A 轮融资规模，位列各轮次投资额排名的第一，与 2016 年融资额相比实现了 264.55% 的高增长。

（1）各投资轮次的创业投资规模及分布特征。2012～2017 年广东省创投市场各轮次投资规模呈上升趋势，A、B 轮继续成为创投重点，整体呈逐年增长趋势，且一直处于各轮次投资规模前两名。其中，2012～2016 年 A 轮融资规模长期处于第一位，且远远高于 B 轮融资规模。而 B 轮投资规模于 2017 年第一次实现对 A 轮的反超，位居首位，占各轮次投资总额的 36.32%，数值达到 108.43 亿元，比 A 轮融资高出了 7.11 亿元。具体如表 3－7 和图3－8 所示。

表 3－7　2012～2017 年广东省创业投资基金投资轮次金额分布　单位：百万元

投资轮次	2012 年	2013 年	2014 年	2015 年	2016 年	2017 年
天使轮			159.58	1618.26	800.38	702.33
Pre－A					1396.45	1357.76
A	4793.16	4328.9	3503.34	9412.29	7150.42	10132.25
B	1434.37	477.32	1564.93	3162.25	2974.41	10843.29
C	177.69	67.27	1932.04	1214.81	457.46	3220.13
D	144.04		148.76	158.38	20.00	715.02
E	18.86	29.74	102.23	46.57	255.50	583.50
G			121.94	8.00		
上市后定增			728.69	1883.08	2754.30	504.98
新三板定增					969.58	3681.55
未披露	1183.91	1672.57	1225.42	227.30	375.82	172.32
总计	7752.03	6575.80	9486.93	17730.94	17154.32	29853.05

数据来源：清科研究中心私募通数据库。

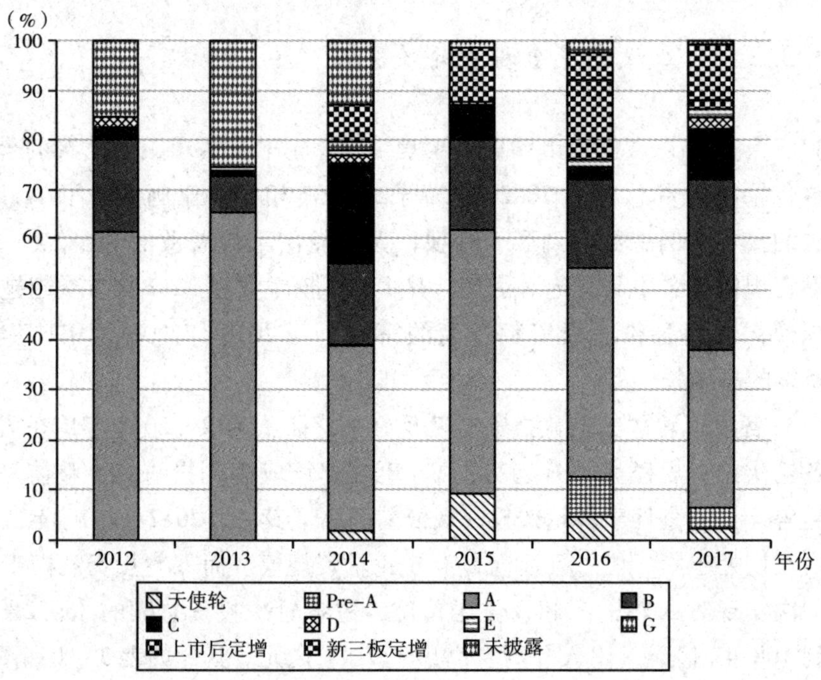

图 3-8　2012～2017 年广东创业投资市场各轮次投资额分布

数据来源：清科研究中心私募通数据库。

天使轮的融资金额自 2014～2015 年从 1.60 亿元急剧增长至 16.18 亿元后，近两年来出现回落趋稳，2017 年融资额为 7.02 亿元，较 2016 年降低 12.25%；Pre-A 轮的融资自 2016 年开始有统计数据以来，融资额平稳发展，2017 年处于各轮次融资规模排名第五，占各轮次总融资额的 4.55%。

C、D、E 三个轮次的融资规模虽长期保持低位水平，但在 2012～2017 年获得了稳健增长，规模扩大，趋势最弱的 D 轮投资，六年间也实现了 5 倍左右的增长。C 轮投资规模于 2017 年实现了跨越式发展，额度高达 32.20 亿元，与 2016 年相比增长率达到 603.92%。D、E 轮次规模与 2016 年相比也有大额度增长，表现出了活力十足的市场潜力和发展趋势。

上市后定增的投资规模表现出了先涨后降的波动特征，2014～2016 年融资规模逐年上升，从 7.27 亿元增加到 27.54 亿元，年均增长率高达 92.66%，但于 2017 年突现断崖式下降，减少至 5.05 亿元。与此相反，新三板定增创投市场虽起步晚，但具备起点高、扩张迅速的特征，2017 年融资规模高达 36.82 亿元，位居各轮次排名的第三位，与 2016 年规模相比，增长率达到

279.71%，发展势头正处强劲期。

未披露的轮次投资规模近年来逐步萎缩，并于2017年降至历史最低点的1.72亿元，凸显了信息披露越来越充分、管理模式愈加完善的行业要求，在投资项目筛选和信息统计上也更加科学和全面。

（2）各轮次创业投资案例数量及分布特征。2017年，广东创业投资机构的各轮次投资案例数普遍实现大幅度增加，多个投资轮次达到历史最高点。其中，案例数最多的是A、B轮投资，A轮融资案例数达到398项的历史最高水平，B轮投资案例数实现了132项，所占比重分别为56.94%和18.89%；C轮融资案例数增长最快，2017年实现融资案例数35项，与2012年的5例相比扩大了7倍；Pre－A轮次和新三板定增类案例数在2016年实现了零的突破且增长势头强劲，Pre－A轮次案例数2017年的增长率达到了58.62%，新三板定增类案例数在2017年的增长率更是高达114.89%；天使轮、G轮、上市后定增和未披露三类融资案例数近年来均呈现为减少态势，其中G轮在2017年均未达成融资案例，上市后定增类也于2017年降至有数据以来的历史最低点的3项，与2016年相比下降达到70%。未披露案例数历年来持续减少，至2017年减少到14项，占比也降至2%左右的历史新低点。具体如表3－8和图3－9所示。

表3－8　　2012～2017年广东省创业投资基金投资轮次的案例分布　　单位：项

投资轮次	2012年	2013年	2014年	2015年	2016年	2017年
天使轮			35	125	97	63
Pre－A					58	92
A	84	81	140	320	244	398
B	27	24	26	78	78	132
C	5	4	17	27	17	35
D	2		4	9	4	12
E	1	1	2	3	2	4
G			1	2		
上市后定增			4	11	10	3
新三板定增					47	101
未披露	38	46	35	10	18	14
总计	157	156	264	585	575	699

数据来源：清科研究中心私募通数据库。

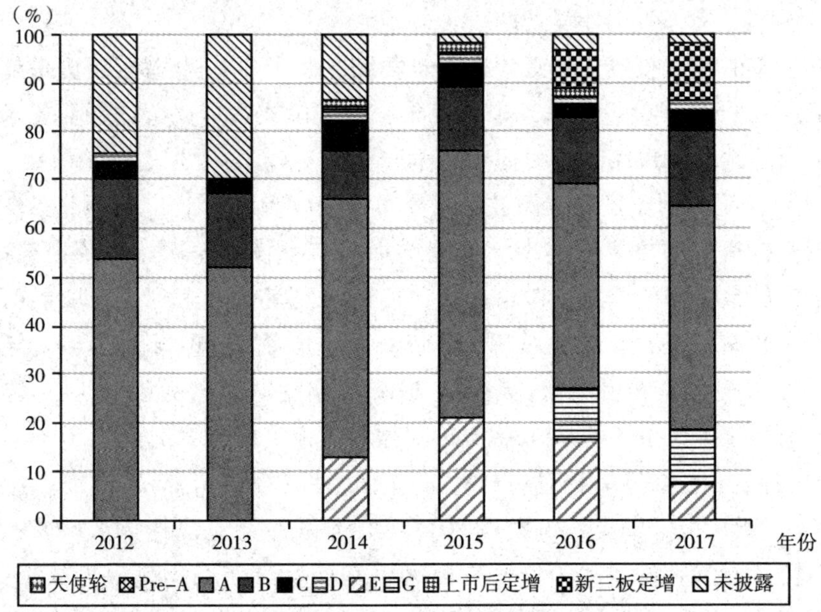

图 3-9　广东省创业投资市场各轮次投资案例数分布

数据来源：清科研究中心私募通数据库。

3.4　广东省创业投资区域分布

2017 年，广东省创业投资市场规模的区域分布继续保持以珠三角地区为主体、粤东西北地区为辅的发展特征，且深圳市遥遥领先的规模优势依旧明显。在创业投资市场规模的变化上，广东省域内的粤东西北地区创业投资机构数和投资规模获得了历史性突破，极大地缩小了与珠三角地区的差距。

3.4.1　私募证券投资基金机构的区域布局

中国证券投资基金业协会公示信息显示，2017 年广东省（含深圳）已注册和备案的私募投资基金管理人①达到 6230 家，占全国的 28.53%，数量位居全国第一位，其中深圳达到 4616 家，位居全国各一线城市的第一位（见

① 主要包括创业投资基金、私募股权基金、私募证券基金三个类别。

图3－10)。广东省私募投资市场区域分布集聚化较为明显，2017年广东省珠三角地区的私募投资基金机构达到了6202家，占全省机构数量达到99.55%的高水平，长期并持续成为广东省私募创投市场的集聚区，粤东西北地区为28家，虽实现了突破式增长，但与珠三角地区仍有很大差距。

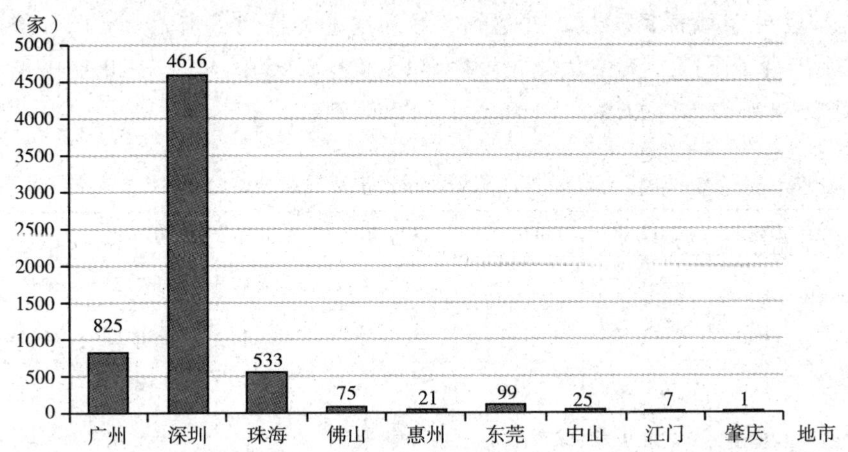

图3－10　2017年广东省珠三角地区各地市私募基金机构数量分布

数据来源：清科研究中心私募通数据库。

珠三角地区私募基金区域分布呈“一核两翼”特征。在9个地市中，深圳私募数量达到4616家，占比74.43%，是珠三角地区私募基金注册地的核心区。广州和珠海私募基金机构数分别为825家和533家，位居珠三角地区二、三名。

粤东西北地区私募基金机构主要集聚在粤东地区，特别是汕头市。2017年粤东地区私募基金机构达到20家，占粤东西北地区的71.43%，其中汕头私募基金机构数达到12家，位列粤东西北地区的首位。

3.4.2　创业投资基金投资规模的区域特征

2017年，在创业投资基金投资规模的区域分布中，珠三角地区创业投资基金规模继续保持绝对优势，粤东西北地区实现跨越式增长。清科研究中心数据显示，2017年珠三角地区的九市创投投资额达到268.1亿元，占广东全省总额的84.11%，其中，广州和深圳两市投资额合计占珠三角地区总额的92.1%，比2016年的水平高出3.83个百分点，在珠三角地区乃至广东全省范围内处于领跑地位，并有持续稳固的趋势。其中，深圳作为我国创新创业最为活跃的地区之一，创业投资基金投资规模长年稳居广东第一位，2017 年投资额达到 162. 57 亿元的历史新高度，与 2016 年相比增长了 43. 53%。广州创业投资基金投资规模自 2012 年起长期保持快速增长趋势，2017 年达到 84. 40 亿元，同比增长率高达 132. 34%。珠海、佛山、中山等地区创业投资规模 2017 年继续保持增长，并达到了最高水平。惠州、东莞、江门、肇庆等地区则出现了下降，其中东莞投资额度回落至 8. 95 亿元，与 2016 年相比降幅达 32. 34%。具体如表 3 –9 和图 3 –11 所示。

表 3 –9　　2012 ~2017 年广东创业投资市场投资地域分布　　单位：百万元

地区	城市	2012 年	2013 年	2014 年	2015 年	2016 年	2017 年
珠三角地区	广州	2880. 55	711. 04	1686. 4	3244. 49	3632. 73	8440. 17
	深圳	4113. 68	4748. 4	6781. 61	13186. 44	11326. 1	16256. 7
	珠海	289. 57	175. 48	9. 39	282. 3	216. 89	504. 28
	佛山	78. 95	71. 94	254. 02	93. 4	157. 04	201. 22
	惠州			18. 81	12. 5	133	103. 77
	东莞	147. 38	265. 73	305. 95	591. 73	1323. 47	895. 33
	中山		119. 1	2. 18	144	69	406. 14
	江门					14. 4	8
	肇庆		141. 52		25. 09	75	
	小计	7510. 13	6233. 21	9058. 36	17579. 95	16947. 63	26815. 62
粤东西北地区	汕头		39. 65	325. 5	0. 07	10	
	韶关						4500
	梅州						144. 15
	清远		14. 87				110
	潮州		59. 48			63. 7	102. 49
	云浮						27. 5
	小计		114	325. 5	0. 07	73. 7	4884. 14
未披露		241. 9	167. 62	102. 17	145. 92	130	180. 12
总计		7752. 03	6514. 83	9486. 03	17725. 94	17151. 33	31879. 88

数据来源：清科研究中心私募通数据库。

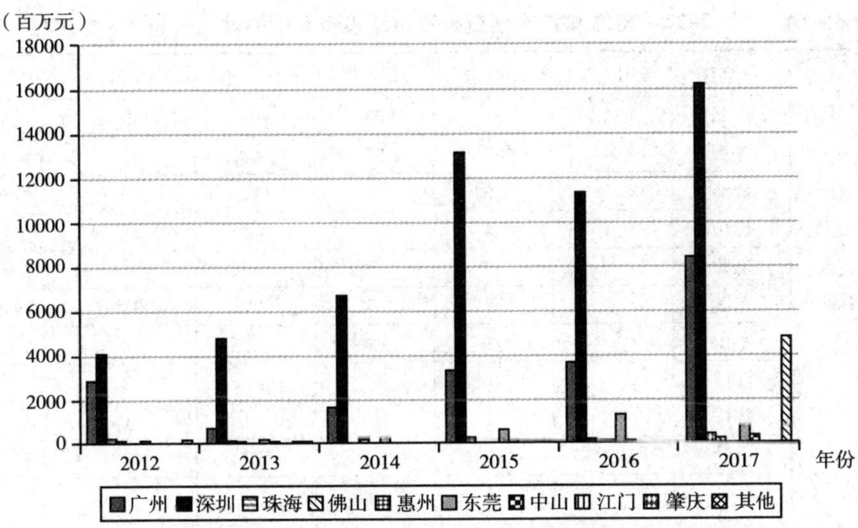

图3-11 广东省创业投资基金投资金额的地域分布

数据来源：清科研究中心私募通数据库。

相关地市数据显示，2017年粤东西北地区的创投基金投资额大幅增长实现了历史性突破，整个地区投资规模达48.84亿元，与2016年的0.74亿元相比，扩大了65倍左右。其中韶关、梅州两市最为突出，2017年韶关地区创业投资基金投资额一举达到45亿元，排名达到了全省前三的高位。梅州市也以1.44亿元排在粤东西北地区第二位。

3.4.3 创业投资基金投资案例的区域特征

2017年，广东省创业投资基金的投资案例数为855项，与2016年相比增幅达48.7%。其中，珠三角地区继续保持全省创业投资案例高发地的市场优势，达到833项，占全省的97.43%。粤东西北地区实现了历史性突破，案例数达到了10项，近三年保持持续增加。在珠三角地区的九个市中，深圳、广州两市继续保持全省领先地位，分别实现投资案例549项和213项，合计占全省比例达到89.13%，其他地市则相对变化不大。粤东西北地区创业投资基金案例数继续保持低位走势，但总量实现历史新高。在已披露地市的数据中，2017年粤东西北地区实现投资案例10项，与2016年水平相比规模扩大了3倍左右，并且是有数据以来第一次突破至10项。具体如表3-10和图3-12所示。

表 3 – 10　　2012 – 2017 年广东创业投资市场投资案例的地域分布　　单位：项

地区	城市	2012 年	2013 年	2014 年	2015 年	2016 年	2017 年
珠三角地区	广州	34	37	72	163	140	213
	深圳	94	88	168	360	372	549
	珠海	7	6	1	12	13	17
	佛山	1	4	8	7	11	11
	惠州			1	4	4	6
	东莞	5	8	7	22	21	29
	中山		1	1	4	4	6
	江门					2	2
	肇庆		1		1	1	
	小计	141	145	258	573	568	833
粤东西北地区	汕头		1	3	1	1	
	韶关						1
	梅州						4
	清远		1			1	1
	潮州		1		1	1	3
	云浮						1
	小计		3	3	2	3	10
未披露		16	7	3	10	4	12
总计		157	155	264	585	575	855

数据来源：清科研究中心私募通数据库。

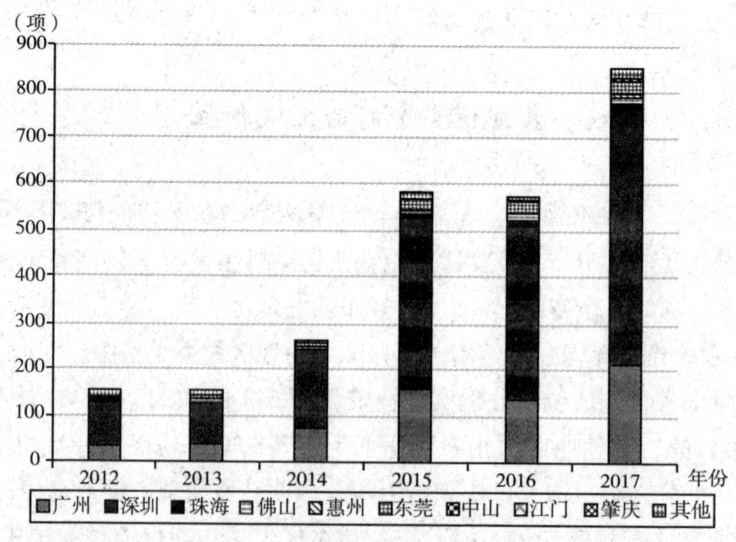

图 3 – 12　2012 ~ 2017 年广东省创业投资基金投资案例的区域分布

数据来源：清科研究中心私募通数据库。

3.5　广东省创业投资热点行业

2017年，广东省创业投资市场各行业融资分布结构更加合理，大部分行业创投融资规模均实现大幅度增长。其中，生物技术/医疗健康、互联网和IT三个行业依旧是创业投资市场聚焦的投资热点行业。

3.5.1　各行业的创业投资基金投资规模

2017年，广东省创业投资市场在各行业投资规模达到10亿元以上的行业增加至10个，在1亿~10亿元区间的行业有8个，不足1亿元的仅有纺织及服装行业。投资规模前三名的分别是生物医疗、互联网和IT行业，三个行业融资总额占全行业投资额的54.25%。生物医疗行业投资额第一次实现对互联网行业的反超，规模达到85.15亿元，且位居全行业第一。从各行业融资案例上看，生物医疗、互联网和IT行业三个行业的融资案例数占全行业案例数50.41%，其中IT行业案例数排名第一，互联网和生物医疗行业分列二、三位。

从2017年广东省创投市场在各行业投资规模来看，生物医疗、互联网和IT行业三个行业的创投融资规模处于全行业领先地位，排在首位的生物技术/医疗健康行业年度融资额达85.15亿元，排名第三的IT行业年度融资额也达到36.95亿元，是排名第四的电子及光电设备行业融资规模的1.94倍。

另外，在2017年广东省创投市场各行业的投资强度上，生物技术/医疗健康行业的创投投资强度最高，单个案例的融资额达到了83.48百万元，是IT行业的3.77倍、互联网行业的2.63倍，进一步凸显了生物技术/医疗健康行业成为高热点的创业投资市场现状。广东省全行业创投的投资强度均值为35.52百万元，有7个行业高于均值，除排名第一的生物技术/医疗健康行业外，全行业排名前三的其他两个高投资强度行业分别是物流行业和金融行业。具体如表3-11和图3-13、图3-14所示。

表 3-11　　2017 年广东创业投资市场的投资行业分布

行业（一级）	案例总数（项）	比例（%）	投资额（百万元）	比例（%）	单例投资额（百万元）
IT	167	19.5	3695.12	11.6	22.13
互联网	162	18.9	5143.95	16.1	31.75
生物技术/医疗健康	102	11.9	8515.00	26.7	83.48
电子及光电设备	65	7.6	1908.11	6.0	29.36
娱乐传媒	55	6.4	1728.52	5.4	31.43
机械制造	49	5.7	1552.79	4.9	31.69
电信及增值业务	46	5.4	1260.39	3.9	27.40
清洁技术	34	4.0	1525.92	4.8	44.88
金融	32	3.7	1693.10	5.3	52.91
教育与培训	27	3.2	492.01	1.5	18.22
连锁及零售	22	2.6	1157.57	3.6	52.62
其他	21	2.5	572.58	1.8	27.27
物流	15	1.8	979.84	3.1	65.32
化工原料及加工	15	1.8	384.78	1.2	25.65
汽车	14	1.6	655.40	2.1	46.81
建筑/工程	11	1.3	244.86	0.8	22.26
半导体	7	0.8	141.70	0.4	20.24
能源及矿产	4	0.5	150.50	0.5	37.63
房地产	4	0.5	132.00	0.4	33.00
纺织及服装	2	0.2	12.75	0.0	6.38
食品和饮料	1	0.1	未披露	未披露	未披露
合计	855	100.0	31946.89	100.0	35.52

数据来源：清科研究中心私募通数据库。

3.5.2 各行业的创业投资基金投资特征

2017 年，广东省创业投资市场中大部分行业的投资规模呈现高增长态势。特别是生物技术/医疗健康行业在投资额规模和投资案例数上均达到了历史新高点，并实现投资总额和投资强度两个全行业第一的高水平。

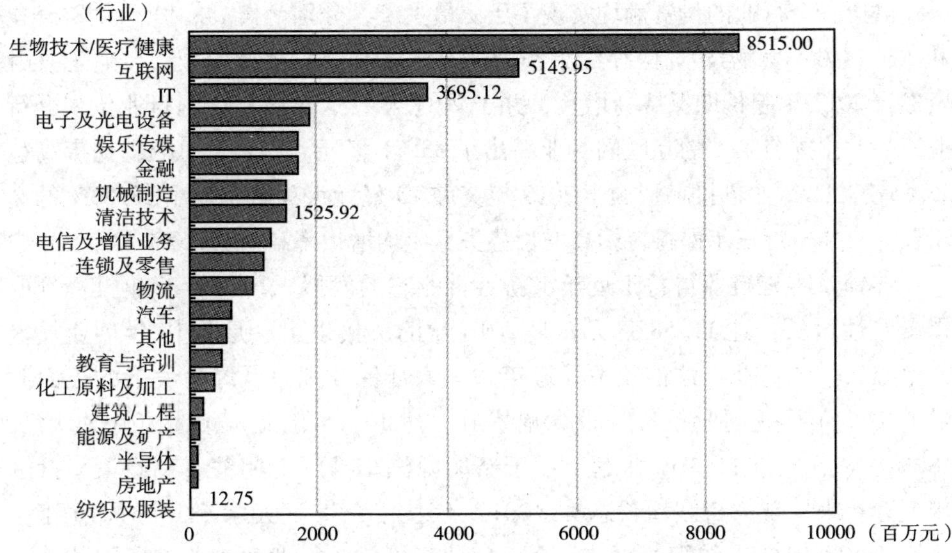

图3-13 2017年广东创业投资市场行业分布

数据来源：清科研究中心私募通数据库。

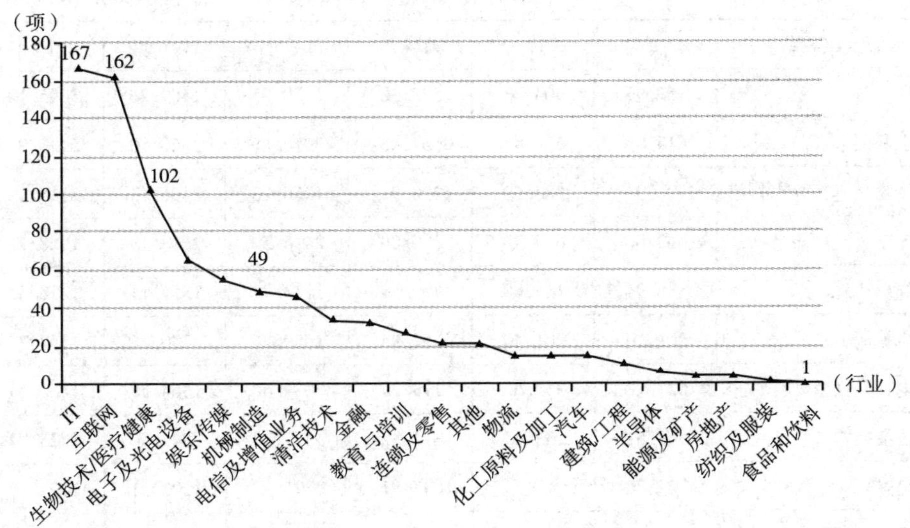

图3-14 2017年广东创业投资市场各行业投资案例分布

数据来源：清科研究中心私募通数据库。

（1）各行业的创业投资规模波动特征。2017年间广东省创业投资市场的多个行业融资规模实现大幅度增加，融资规模前三的IT、互联网、生物技术/

医疗健康三个行业的投资额均实现了历史最大值，分别增长 148.13%、48.65% 和 269.14%。生物技术/医疗健康作为新兴产业和重点民生产业，行业创投融资额自 2012 年起长期保持高增长，并于 2017 年首次超越互联网行业位列全行业第一，比排名第二的互联网行业高出了 33.71 亿元，占融资总额的比率高达 26.65%。IT 行业创投融资额于 2015 年突破 10 亿元大关且实现了 88.83% 的高增长率，并于近三年保持持续高增长势头，年均增长率高达 75.67%。

连锁及零售行业得益于近年来新零售业态的发展，2017 年行业投资额取得爆发性增长，达 11.58 亿元，是 2016 年的 7 倍以上，是 2017 年创业投资额增幅最快的行业。清洁技术受近年来国家环保政策以及绿色发展的正面激励，2017 年行业创业投资额也大幅攀升，达 15.26 亿元，相比 2016 年增长 180%。汽车行业自 2015 年起受益于新能源汽车推广等相关有利政策，投资规模近年来呈现为持续增长态势，2017 年达到 6.55 亿元水平，与 2016 年相比增长 178.01%。纺织及服装行业、房地产等传统行业的创业投资则处于快速萎缩阶段。具体如表 3－12 和图 3－15 所示。

表 3－12　　2012～2017 年广东创业投资行业分布　　单位：百万元

行业（一级）	2012 年	2013 年	2014 年	2015 年	2016 年	2017 年
IT	157.91	404.43	598.38	1129.95	1489.20	3695.12
互联网	815.95	534.44	2664.88	3950.86	3460.50	5143.95
生物技术/医疗健康	296.94	580.50	1290.95	1056.23	2306.73	8515.00
电子及光电设备	653.00	642.72	820.20	2496.50	2503.13	1908.11
娱乐传媒	886.94	114.88	99.68	113.72	1354.11	1728.52
机械制造	211.16	201.40	652.94	1059.26	790.06	1552.79
电信及增值业务	627.12	334.60	1178.27	2034.56	1464.59	1260.39
清洁技术	368.51	233.42	374.32	377.67	544.90	1525.92
金融	332.26		1037.81	2295.97	1000.51	1693.10
教育与培训	9.99			111.22	109.50	492.01
连锁及零售	324.10	147.99	102.62	586.23	163.57	1157.57
物流	30.66	2560.07	305.95	264.85	369.69	979.84
化工原料及加工	67.28	115.03	52.17	81.44	162.92	384.78

续表

行业（一级）	2012 年	2013 年	2014 年	2015 年	2016 年	2017 年
汽车	668.52	43.69	26.73	9.75	235.75	655.40
建筑/工程	370.99	107.92		1509.74	89.00	244.86
半导体	30.29			20.00	136.67	141.70
能源及矿产		9.15	0.60	5.56		150.50
房地产	733.20	183.46	149.27	96.98	169.33	132.00
纺织及服装	76.82	57.59	25.47	150.00	256.00	12.75
食品和饮料	374.79				62.80	未披露
其他	517.84	304.51	107.30	203.43	477.36	572.58
合计	7554.27	6575.80	9487.54	17553.92	17146.32	31946.89

数据来源：清科研究中心私募通数据库。

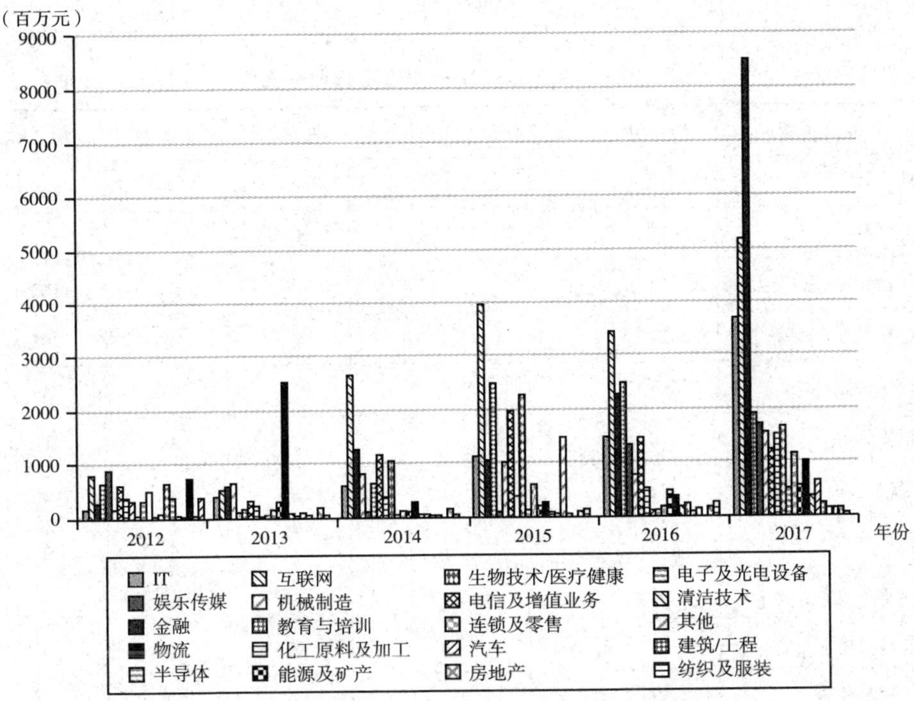

图 3-15　2011～2017 年广东省创业投资行业投资额分布

数据来源：清科研究中心私募通数据库。

（2）各行业的创业投资案例数案例分布。2017 年，广东省各行业创投案例数普遍增加，多行业保持持续高增长趋势。IT、互联网、生物技术/医疗健康等行业长期作为热点创投行业，其投资案例于 2017 年均达到了历年最大值，三个行业案例合计数占全行业总数的 50.41%。值得关注的是，半导体由于行业门槛较高、国内技术水平受限等因素，行业投资案例数相对较低，2017 年也仅为 7 项，但近年来却呈现逐年大幅攀升趋势，表明行业面临加速发展的局面。

另外，能源及矿产、房地产、纺织及服装、食品和饮料等传统行业融资案例数在 2017 年依旧未突破 10 项大关，表明传统行业在创投市场中依然得不到重视。而连锁及零售、清洁技术、娱乐传媒、生物技术/医疗健康等新兴行业投资案例数增长明显，相比 2016 年，四个行业投资案例数分别增长 144.44%、54.54%、57.14%、100%，表明广东新兴行业市场正茁壮成长，涌现出了大量受创投市场青睐的创新型企业。具体如表 3－13 和图 3－16 所示。

表 3－13　　2012～2017 年广东创业投资行业分布　　单位：项

行业（一级）	2012 年	2013 年	2014 年	2015 年	2016 年	2017 年
IT	14	15	32	66	95	167
互联网	17	23	66	185	132	162
生物技术/医疗健康	14	15	34	46	51	102
电子及光电设备	24	20	18	44	40	65
娱乐传媒	5	4	3	22	35	55
机械制造	8	9	14	31	39	49
电信及增值业务	22	29	54	86	44	46
清洁技术	10	10	10	19	22	34
金融	4		16	38	42	32
教育与培训	1			4	4	27
连锁及零售	7	5	2	6	9	22
其他	5	8	3	11	16	21
物流	1	3	1	6	8	15

续表

行业（一级）	2012年	2013年	2014年	2015年	2016年	2017年
化工原料及加工	4	4	5	9	6	15
汽车	4	1	2	3	11	14
建筑/工程	8	3		10	3	11
半导体	2	1		1	4	7
能源及矿产		1	1	1		4
房地产	1	3	1	3	6	4
纺织及服装	2	2	2	1	3	2
食品和饮料	3				3	1
合计	156	156	264	592	573	855

数据来源：清科研究中心私募通数据库。

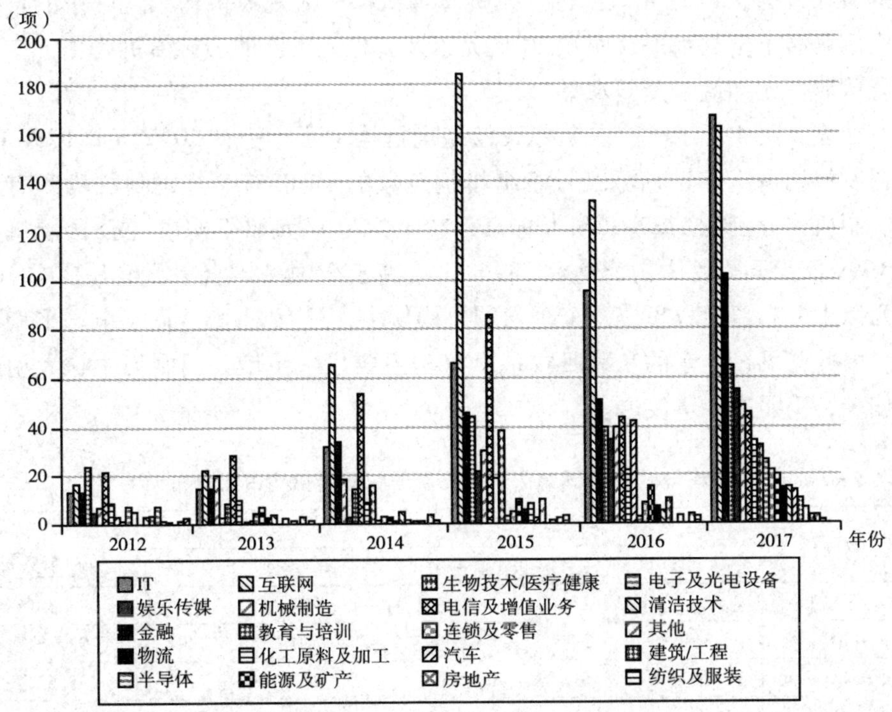

图3-16　2012~2017年广东省创业投资行业投资案例分布

数据来源：清科研究中心私募通数据库。

3.6 广东省创业投资经营管理

3.6.1 创投机构经营管理

（1）组织机构形式。在组织形式划分上，广东省创业投资机构主要包括公司制和有限合伙制两类。无论是公司制还是有限合伙制的机构，都需要委托管理或代理管理，投资人与管理人之间都存在代理风险，需要建立健全激励和约束机制，这两种创投机构最大的差异主要体现在税收制度上。根据中国证券投资基金业协会公布的数据，2017 年广东省 2276 家私募股权基金机构和 667 家创业投资基金机构中，公司制机构占比分别高达 93.89% 和 90.25%，均高于全国平均水平。从不同资本规模分布来看，在 100 亿元以上私募股权机构、50 亿元以上创业投资基金机构的大规模机构中，广东的合伙制比例略高于全国水平，而在 20 亿元以及 2 亿元以下的小规模机构中，广东的合伙制占比却低于全国水平。

如表 3－14 所示，广东私募股权基金机构主要集中在 20 亿元规模以下，公司制机构占广东省私募股权基金机构总数的 87.83%。公司制机构和有限合伙制机构分别为 2137 家和 139 家，其中，20 亿元以下规模的公司制机构为 1999 家，同规模中占比达 93.89%，略高于全国平均水平，但是广东 100 亿元以上的私募股权投资基金公司制机构偏少，只有 21 家，低于全国平均水平。由此可见，广东的私募股权基金机构主要以中小型公司制为主，大型机构偏少，仍需进一步发展。

表 3－14　2017 年广东不同组织形式私募股权基金机构占比分布

数额	广东			全国		
	公司（家）	合伙（家）	公司制占比（%）	公司（家）	合伙（家）	公司制占比（%）
100 亿元以上	21	2	91.30	129	9	93.48
50 亿～100 亿元	36	2	94.74	170	14	92.39
20 亿～50 亿元	81	5	94.19	677	31	95.62
20 亿元以下	1999	130	93.89	8317	778	91.45
总计	2137	139	93.89	9293	832	91.78

数据来源：中国证券投资基金业协会。

如表3－15所示，广东创业投资基金机构主要集中在2亿元规模以下，公司制占广东创业投资基金机构总数的74.81%。公司制机构和有限合伙制机构分别为602家和65家，其中，2亿元以下公司制机构为499家，同规模中占比达91.06%，略高于全国平均水平，但是广东10亿元以上的创业投资基金机构偏少，在同规模中占比86.67%，低于全国平均水平。由此可见，广东的创业投资基金机构与私募股权基金机构一样，以中小型规模为主，大型机构偏少。

表3－15　2017年广东不同组织形式创业投资基金机构占比分布

资本规模	广东			全国		
	公司（家）	合伙（家）	公司制占比（%）	公司（家）	合伙（家）	公司制占比（%）
10亿元以上	26	4	86.67	139	16	89.68
5亿～10亿元	19	5	79.17	124	23	84.35
2亿～5亿元	58	7	89.23	427	52	89.14
2亿元以下	499	49	91.06	2336	280	89.30
总计	602	65	90.25	3026	371	89.08

数据来源：中国证券投资基金业协会。

（2）投后管理情况。2017年创业投资机构的投资理念和盈利模式发展加快，创业投资机构不再局限于传统的投后管理，而是将投后管理与后期各种增值服务相结合，制定适合自身实际的管理模式。

在组织形式方面，采用“项目制＋投后管理”形式。日常工作由项目经理和投后管理部门或团队共同负责，为投资企业提供共性管理。项目经理主要负责投资项目的跟踪管理和风险监控、报告项目进展情况及重大事项，投后管理部门或团队负责与投资企业日常沟通联系、跟踪项目进展情况，搜集数据和信息、管理项目档案文件等。

在投后服务方面，在组织形式的基础上，辅以各种中介服务。创业投资机构为强化投后服务，积极整合投后管理服务资源，联合产业链上下游的投资企业、中介服务机构、金融机构、行业协会、科研院所、高校等，共同推出各种增值服务。如达晨创投采用“建平台＋造生态”的方式，建立企业家俱乐部和战略合作联盟，打造中小企业金融生态圈；深创投成立企业服务中心，组建投资企业联谊俱乐部，每年持续举办论坛和培训等活动，帮助企业对接产业资源、政府资源和金融资源；同创伟业为解决投后管理人才配备不足的问题，引进外部团队力量，为企业解决法律、财务等方面的问题。

3.6.2 天使投资经营管理

广东省天使投资经营模式较为多样化，包含了个人投资、团体、机构、孵化器和众筹等多种模式。其中，个人天使投资属于社会隐形群体，潜在数量较多；天使投资团体以俱乐部和联盟等形式存在，聚集了各类投资人资金，以联合投资的方式降低风险；天使投资机构主要是将原本非正规化管理的资金转为专业化管理运作，与私募股权基金机构和创业投资基金机构类似；孵化器模式是指部分天使机构除了提供资金支持，还为被投企业提供孵化服务，包括平台、资金、场地等；众筹模式主要以互联网众筹的方式为早期企业提供资金帮助，降低企业和天使投资者之间的相互对接成本。

广东天使投资的资金来源除了中资，还有较大一部分来源于境外投资者。2017 年开始，广东本土天使投资快速发展，外资比例份额快速降低。如表 3－16 所示，到 2017 年广东创业投资机构（VC）类型以本土机构为主，达 191 家，几乎占据全部 VC 行业份额。

表 3－16　2008～2017 年广东创业投资机构（VC）类型比较（按基金数量）　单位：家

年份	本土机构	外资机构	合资机构	总计
2008	27	2	0	29
2009	22	2	0	24
2010	64	3	0	67
2011	104	3	1	108
2012	49	2	0	51
2013	41	2	0	43
2014	70	3	0	73
2015	107	10	1	118
2016	98	1	1	100
2017	191	2	0	193
总计	773	30	3	806

数据来源：清科研究中心私募通数据库。

同时，广东天使基金的有限合伙人以企业投资者为主，投资机构为辅，政府引导基金几乎为零。其原因可能是天使投资的进入阶段主要集中在企业的种子期，初创期企业在这个阶段尚无固定的盈利模式，而创业投资机构进入阶段主要集中在企业成长期和成熟期。此外，企业投资者由于具有丰富的经验，不仅能辨别出优秀的创业团队以及对行业前景进行预测把握，还能在企业管理上提供一定的帮助，所以天使基金的LP大部分都是企业投资者。

3.7　广东省创业投资退出情况

广东省是风险投资发展的前沿省份，每年都有大量的风险投资退出案例发生。而相较于以往，2017年广东省风险投资创业基金退出的情况有了较为明显的变化。在过去5年里，创投基金退出的案例一直呈现较快的增长，但到了2017年，案例总数不升反降，从2016年的336起下降至245起，减少了将近100起，如表3－17所示。

表3－17　2012～2017年广东创业投资市场退出方式分布和总量　单位：家

退出方式	2012年	2013年	2014年	2015年	2016年	2017年
新三板	0	0	0	175	192	54
IPO	41	8	26	48	74	80
股权转让	7	16	19	12	31	71
并购	1	12	25	52	20	21
管理层收购	1	15	11	9	8	14
借壳上市	0	0	0	1	1	0
回购	0	2	0	3	1	4
清算	0	0	0	1	0	0
其他	0	0	0	5	0	1
未披露	0	0	6	6	9	0
总计	50	53	87	312	336	245

数据来源：清科研究中心私募通数据库。

另外，如图3－17所示，2017年创业投资市场的退出方式也较以往发生了较大的变化。在近年来IPO审核加速的态势下，IPO的数量不断增加。2017年，通过IPO退出的案例上升至80起，成为此年度最为主要的退出方式，占所有退出案例的33%。而在过去两年中最为主要的退出方式——新三板，则数量大为下降，2017年度中仅发生了54起，占退出方式总量的22%，位列第三。而第二位的则是股权转让，共 71 起，占所有退出方式的 29%。

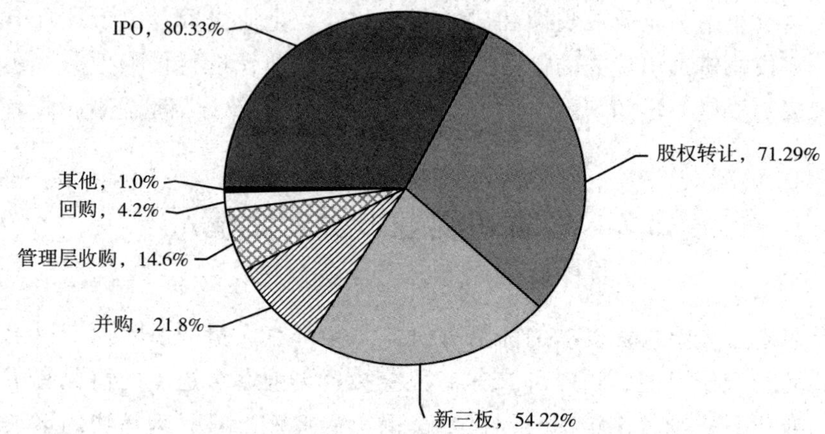

图 3－17 2017 年广东省创业投资市场退出方式分布

数据来源：清科研究中心私募通数据库。

如图 3－18 所示，在 80 起 IPO 案例中有一大部分都是属于高新技术产业，其中仅生物技术/医疗健康和电子及光电设备两个行业的退出案例就占了

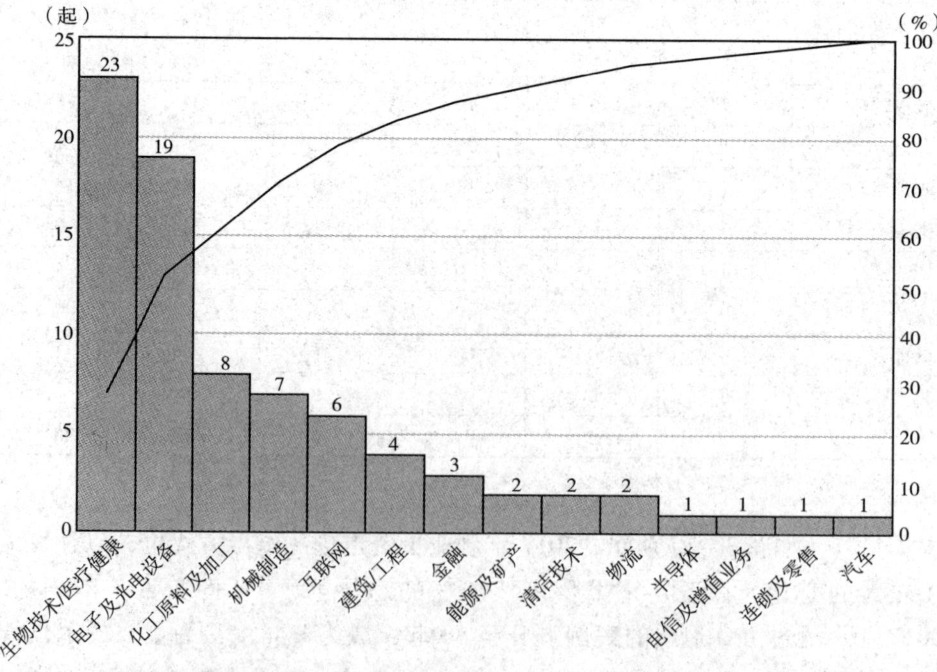

图 3－18 2017 年广东省创业投资市场 IPO 退出行业分布

数据来源：清科研究中心私募通数据库。

所有 IPO 退出案例的 1/2 以上。与之相比，传统行业，例如化工原料加工和机械制造等行业，通过 IPO 退出的案例则较少。

而从总的退出案例的行业分布来看，2017 年广东省发生的 245 起退出案例中，排在前两位的是 IT 和生物技术/医疗健康行业，分别为 46 起和 41 起，在数量上占有绝对优势。电子及光电设备、互联网、制造业这三个行业的退出案例数量也超过了 20 起，分别为 32 起、28 起、21 起，排在第三至第五位。紧随其后的还有电信及增值业务、化工原料及加工、金融、清洁技术等行业，具体如图 3－19 所示。值得一提的是，IT 行业虽然占据了退出行业分布榜的第一位，却没有一家是通过 IPO 方式退出的。

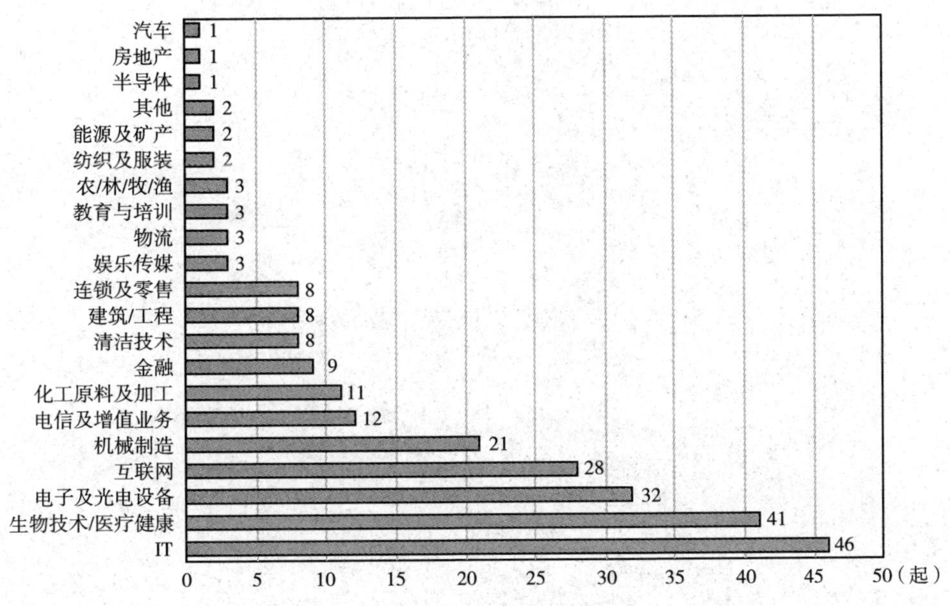

图 3－19　广东省创业投资市场退出行业分布

数据来源：清科研究中心私募通数据库。

小　结

2017 年广东创投机构较为积极，广东新募基金数量增长 93%，机构总数排列全国第一位。基金募投活跃，募资金额、投资金额均达到历史高位。在区域上，仍是广深主导，占据九成，但韶关异军突起，排列第三。在行业分布上，生物技术和健康医疗类最受追捧，成为热门行业。各机构均普遍加强了投后管理，落地资源对接，给予决策支持，推动企业发展。退出方面总量有所下降，IPO 开闸成为主要退出方式。

总体来说，广东省创业投资活跃，发展态势良好。

第4章　广东与重点地区创业投资发展对比分析

为进一步分析广东创业投资市场的投资环境、投资行为与绩效等在全国的发展情况，本章选取了北京、上海、江苏、浙江等全国创业投资市场排名前五的重点省市与广东进行了深入对比分析。结果表明，相对于其他重点地区而言，广东在经济发展总量、新兴产业发展、研发经费与人员投入、专利等创新产出、创新政策与政府引导基金等方面具有一定的领先优势，为创业投资市场加速发展提供了良好的外部环境与基础保障。

4.1　创业投资环境对比

4.1.1　经济与产业环境分析

（1）地区生产总值（GDP）。2017年广东地区生产总值GDP直逼9万亿元，达89879.23亿元，继续位列全国首位，同比增长7.5%。而江苏省继续紧追广东，排列第二位，达85900.94亿元，与广东省相差不大。而浙江、北京、上海等地区的GDP全国排名相对2016年保持不变，分列第四、第十、第十一位（具体见图4－1），上述五省市中浙江则保持着相对高的增速，达7.8%。

从人均GDP来看①，广东2017年位于五省市的末位，为8.1089万元。其中北京位居全国首位，全市人均GDP达12.9万元；其次为上海，达12.46

① 按常住人口计算。

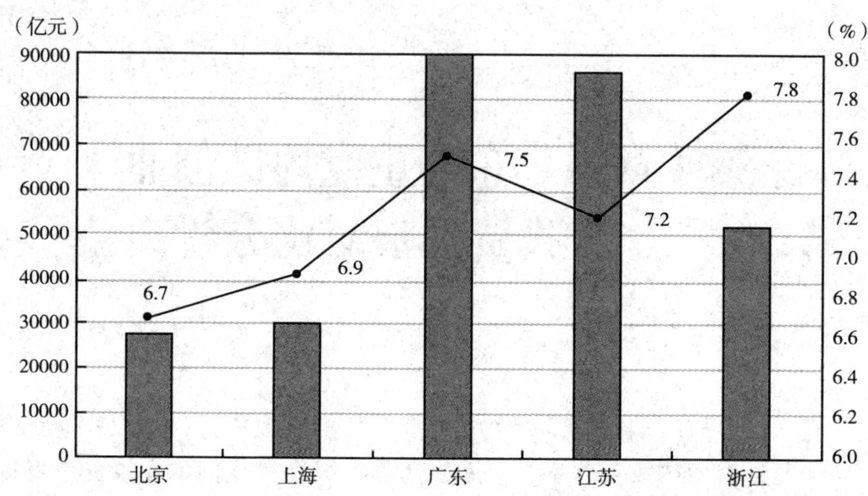

图 4-1 2017 年广东等五个省市的地区生产总值(GDP)情况

数据来源:有关省市 2018 年统计年鉴。

万元,与北京相差不大;位居全国第三、第四位的江苏和浙江,分别达 10.7189 万元、9.2057 万元。

从经济发展总量来看,广东相较其他地区更具有优势,但区域内部发展不平衡,平均发展水平有待提升。综上可见,广东具备创业投资市场加速发展的经济总量基础与后续发展空间。

(2)新兴产业发展概况。根据数据的可获得性、创业投资市场行业投资热点等情况,本章选取了广东、北京、上海、江苏、浙江五个省市的科学研究和技术服务业、软件和信息技术服务业、计算机通信和其他电子设备制造业、医药制造业的产业产值、增加值增长率、年度投资额等数据进行对比,分析和探测各地区创业投资的新兴产业发展环境。

从相关数据来看,如图 4-2 所示,广东在计算机通信和其他电子设备制造业、软件和信息技术服务业具有较大基础优势,2017 年两大产业的产值分别达 37301.89 亿元和 9681.21 亿元,位居五区中的首位,特别是计算机通信和其他电子设备制造业,其产值是江苏省的 2 倍、北京的 17 倍,并且 2017 年的增加值增长率达 12.6%,是五个地区中增长最快的。但江苏也在这两大产业上保持着较大基础优势和发展后劲,其产业产值位居第二,且 2017 年的产业投资额在五个地区中排列首位,分别达 2010 亿元和 611.2 亿元,远远高于广东和其他地区。

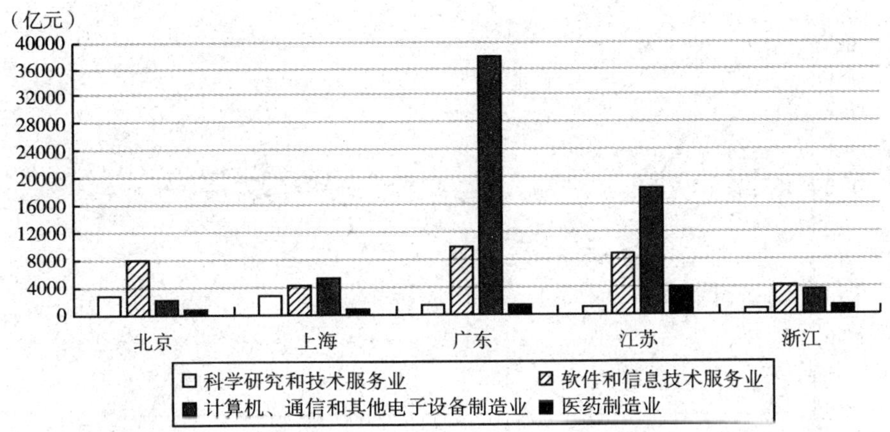

图4-2 2017年广东等五个省市热点创投行业的产值（主营收入）

数据来源：有关省市2018年统计年鉴。

另外，与创投热点行业生物医药产业相关的医药制造业，江苏相对广东以及其他地区而言，都保持着较大的优势。2017年江苏医药制造业产业产值达3925.19亿元，而位居第二的广东仅为1537.07亿元，且江苏产业增加值保持着12.9%的高增长率。同时，江苏在医药制造业的投资额高达615.41亿元，是五个地区中最高的，位居其后的浙江、广东仅为233.61亿元和161.56亿元。

相较北京、上海而言，广东以及江苏、浙江等地区的科学研究和技术服务业发展略显逊色，2017年北京、上海的产业产值分别达2859.2亿元、3280.12亿元，而广东、江苏、浙江则仅为1506.19亿元、1386.78亿元和795.47亿元。但近年来，广东、江苏等省先后加大了基础研究和应用基础研究的投入，大力发展新型研发机构和技术成果转移转化服务机构，2017年两省的科学研究和技术服务业投资额分别达266.8亿元、768.5亿元，远高于北京的33.3亿元。

如图4-3、图4-4所示，广东在计算机通信和其他电子设备制造业、软件和信息技术服务业、医药制造业等新兴产业方面保持有一定的基础优势和旺盛的发展势头，且在科技研发服务、技术转化服务等方面正加速发展，具有推动创投行业发展的产业基础。

（3）企业发展情况。如图4-5所示，从创业投资市场的主要投资对象高新技术企业的数量来看，2017年广东相较其他地区具有非常明显的领先优势，达33356家，比排第二位的北京多了13059家，分别是江苏和浙江的2.51倍和3.64倍，且近年来，广东高新技术企业数量呈现快速增长态势，表明较其他地区，广东创业投资市场在创业投资项目选择上具有较大总量优势。

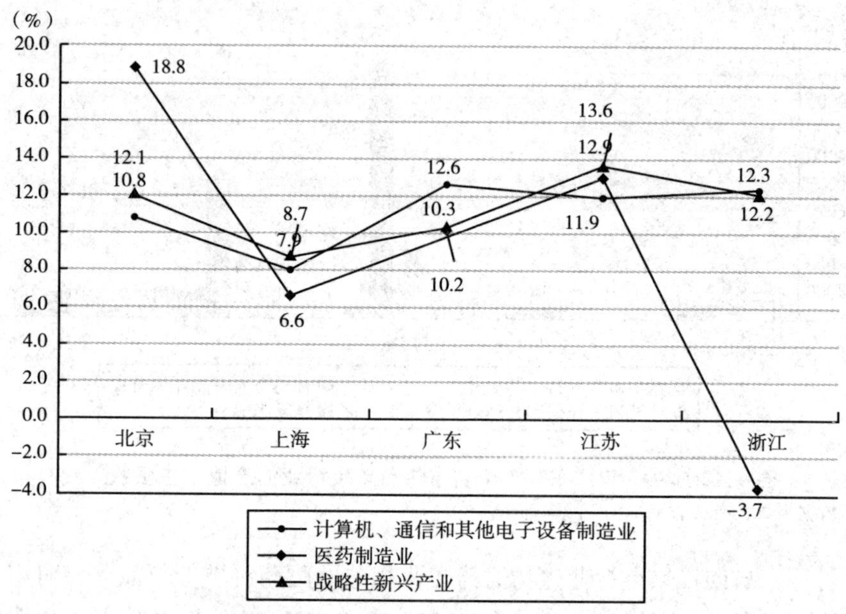

图 4－3 2017 年广东等五个省市的热点创投行业增加值增长率

数据来源：有关省市 2018 年统计年鉴。

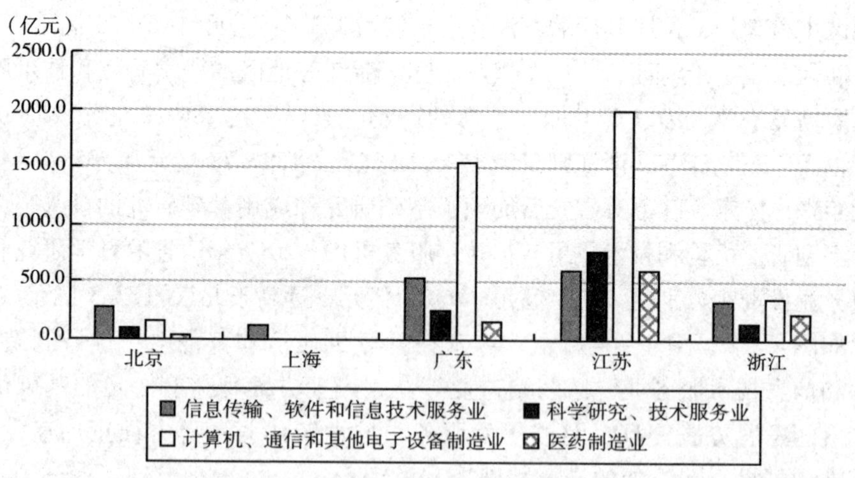

图 4－4 2017 年广东等五个省市热点创投行业的投资情况

数据来源：有关省市 2018 年统计年鉴、统计公报。

同时，如图 4－6 所示，截至 2017 年底，广东拥有 12 个国家级高新区，在五个地区中位居第二，仅次于江苏的 17 个。但从地区地级市高新区的占比来看，广东占比最低，仅为 57.14%，远低于江苏的 130.77%、浙江的

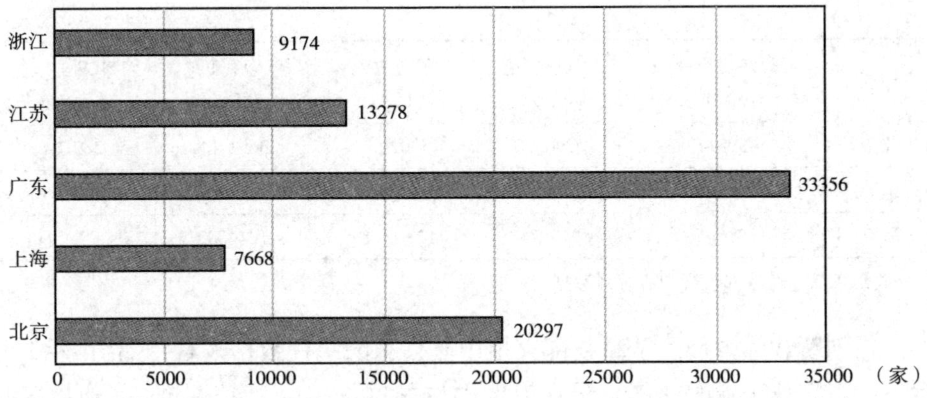

图4－5　2017年广东等五个省市的高新技术企业累计数

数据来源：有关省市2018年统计年鉴。

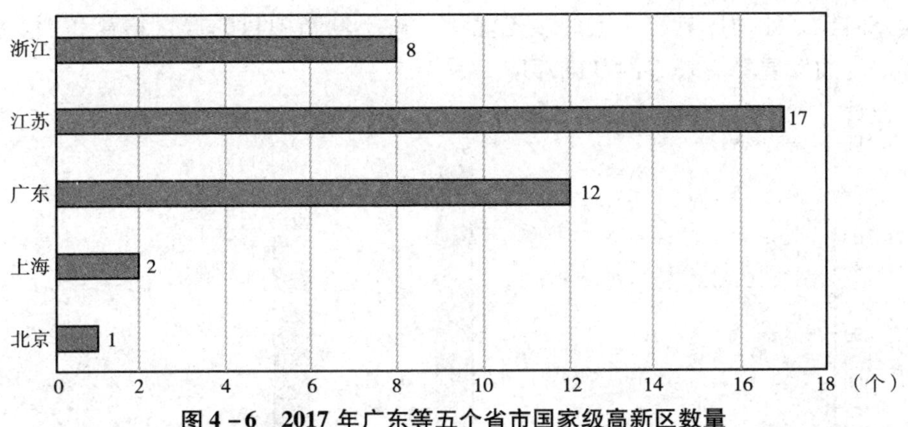

图4－6　2017年广东等五个省市国家级高新区数量

数据来源：科技部火炬中心统计数据。

72.73%。并且广东所有国家级高新区的注册企业数远低于北京和江苏，而北京中关村高新区的园区企业工业总产值、营业收入和净利润等经济指标位居五区第一，远远高于广东、江苏、上海等地（见表4－1）。可见广东高新技术企业发展的园区载体及环境与北京、江苏等地有较大差距，亟待进一步提升。

表4－1　　　　2017年广东等五个省市国家高新区企业部分指标

地区	工商注册企业数（家）	工业总产值（亿元）	营业收入（亿元）	净利润（亿元）	年末从业人员（万人）
广东	97013	24146.87	31399.98	2611.94	232.74
江苏	256684	24183.46	28282.17	1975.62	192.53

续表

地区	工商注册企业数（家）	工业总产值（亿元）	营业收入（亿元）	净利润（亿元）	年末从业人员（万人）
北京	459311	10796.02	53025.8	3691.08	262.04
上海	39679	11248.68	19769.92	1964.87	108.95
浙江	108696	8971.75	13302.15	1019.03	97.09

数据来源：科技部火炬中心统计数据。

在创新载体方面，从科技部火炬中心公布的统计数据来看，如图4－7所示，广东科技企业孵化器总量在五区中位居首位，达754家，较其他地区具有明显优势，虽然广东的国家级科技企业孵化器数量稍低于江苏，但远高于浙江、北京和上海等地区的数量，表明广东在科技型中小企业的孵化发展环境方面较其他地区具有一定的领先优势，对于创新项目的孵化培育和创业投资市场的发展具有较好的基础环境。

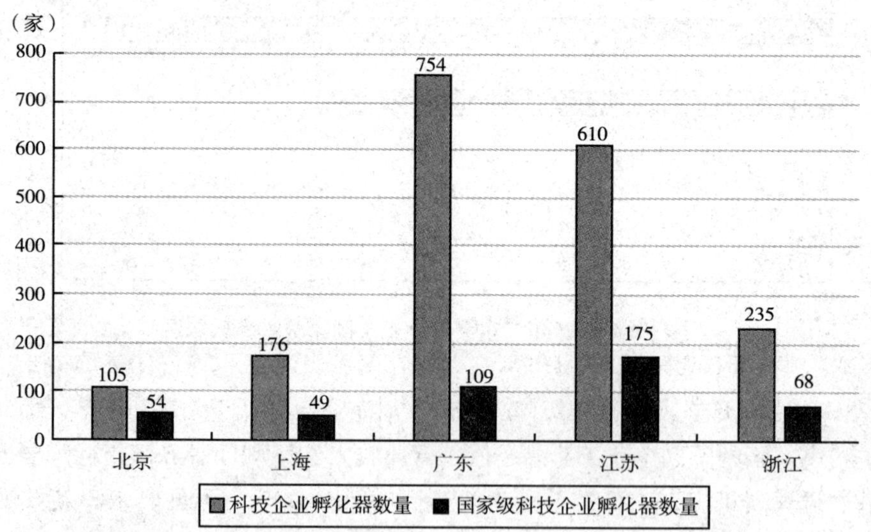

图4－7　2017年广东等五个省市科技企业孵化器数量

数据来源：科技部火炬中心统计数据。

4.1.2　科技投入与产出情况

（1）研发经费投入。如图4－8所示，2017年，广东全社会研究与试验发展（R&D）经费总额达2343.6亿元，较2016年增长15.17%；占地区生产总值

（GDP）比重达2.61%，同比提高0.05个百分点。在五个省市中，2017年广东的研究与试验发展经费总额位居首位，其次依次为江苏、北京、浙江和上海，但广东的研发投入强度远低于北京、上海和江苏，在五个地区中仅略高于浙江。

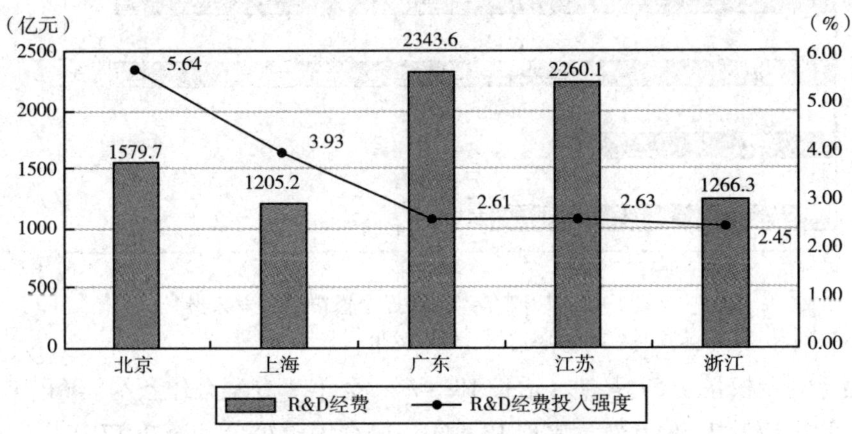

图4－8　2017年广东等五个省市研发经费的投入情况

数据来源：2017年全国科技经费投入统计公报。

综上可见，广东全社会研究经费特别是来自企业的研发经费投入较大，为技术成果、创新项目的产出提供了有力的支撑，但相对地区经济发展水平而言，研发投入强度还有待进一步提升。

（2）研发人员情况。据广东统计年鉴显示，如图4－9所示，2017年广东R&D人员达87.99万人，同比增长19.7%；折合全时当量达56.53万人年，同比增长9.64%，总量位居全国第一位。纵观其他地区，江苏仅次于广东，其2017年R&D人员总量为75.42万人，折合全时当量56万人年①，与广东差距不大；浙江、北京和上海地区在研发人员投入上与广东还有较大差距。

可见，广东在科技活动的研发人员投入方面具有一定的比较优势，创新创业氛围浓厚，创新活动频繁，具备创业投资市场加速发展的土壤与环境。

（3）专利申请与授权情况②。如图4－10所示，从专利的年度申请与授权数量来看，广东位居全国第一，分别是排列第二位江苏的1.22倍和1.47倍，是五个地区排名末位上海的4.77倍和6.25倍。2017年广东专利年申请总量达62.78万件，增长36.0%，其中，发明专利申请量18.26万件，增长30.9%。全年专利授权总量达33.26万件，增长28.4%，居全国首位，其中，

① http：//tj.jiangsu.gov.cn/art/2018/11/14/art_4027_7879963.html

② 国家知识产权局专利统计年报（2017）.

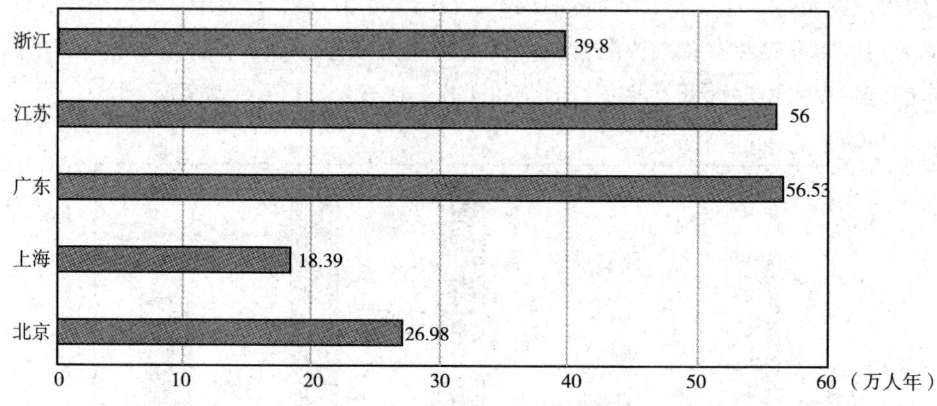

图 4 –9　2017 年广东等五个省市的研发人员

数据来源：有关省市 2018 年统计年鉴和统计公报。

发明专利授权量 4. 57 万件，增长 18. 4%。全年《专利合作条约》（PCT）国际专利申请量 2. 68 万件，增长 13. 8%，居全国首位。截至 2017 年底，全省有效发明专利量 20. 85 万件，居全国首位。

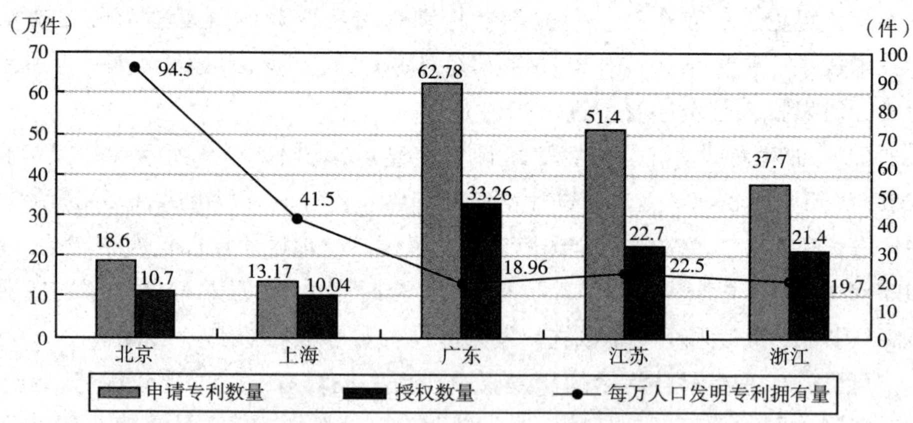

图 4 –10　2017 年广东等五个省市的专利产出情况

数据来源：国家知识产权局专利统计年报（2017）。

若从地区的每万人口发明专利拥有量来看，广东位列五个地区最后一名，2017 年度广东该项数值仅为 18. 96 件，远低于北京的 94. 5 件、上海的 41. 5 件，而江苏和浙江每万人口发明专利拥有量也分别达到 22. 5 件和 19. 7 件，略高于广东。

综上可见，广东的科技创新产出总量较其他地区具有明显优势，为区域创投市场的发展提供了充实保障；但广东人均高质量产出数较低，远不及北京、上海等地区，表明广东创新产出在区域间存在明显差异，给区域创业投资市场的集聚式创新发展带来一定的机遇和挑战。

4.1.3　政策环境分析

政府政策是创业投资主体开展投资活动的重要引导和规范，也是创业投资市场稳健发展的根本保障。其主要包括两个途径：一是政策出台相关正式政策文件规范创业投资行为；二是成立政府引导基金主动参与市场活动。本节主要基于 2017 年广东、北京、上海、浙江和江苏五个地区政策环境新情况，开展创业投资政策和政府引导基金的对比分析。

4.1.3.1　创业投资政策分析

（1）创业投资行业发展政策。在创业投资行业发展上，广东、北京、上海、浙江和江苏五个地区的相关政策可归纳为创业投资基金培育、发展和退出三个方面。2017 年广东、江苏和浙江主要依据国务院发布的《关于促进创业投资持续健康发展的若干意见》，分别出台了基于本省省情的促进创业投资持续健康发展的若干意见，并作为促进本地区创业投资行业发展的核心指导性文件，北京与上海现阶段政策重点是强化创业投资基金对创新创业的支持作用。另外，除了出台《关于促进创业投资持续健康发展的若干意见》，广东又重点在科技孵化和创新重点领域，江苏在创业领域，浙江在企业股改上市领域分别出台了创业投资发展政策。具体见表 4 – 2 至表 4 – 4。

表 4 – 2　　2017 年广东等五个省市创业投资基金培育相关政策

地区	主要政策内容
北京	依法依规豁免国有创业投资机构和国有创业投资引导基金国有股转持义务，推动落实创业投资企业和天使投资个人有关税收优惠政策，支持各类社会资本在京设立风险投资基金，投向早期创新和“硬科技”项目。大力发展创业投资，落实国家新兴产业“双创”三年行动计划，鼓励和引导社会资本开展天使投资，支持各类主体为投资人和创业者搭建天使投资对接平台。

续表

地区	主要政策内容
上海	建立健全创业投资引导基金持续投入机制，吸引境外专业机构组建人民币创业投资基金，鼓励国有产业集团参与设立创业投资企业，加快推动天使投资发展，鼓励重点产业领域并购，丰富创业投资企业募集资金渠道。
广东	积极鼓励包括天使投资人在内的各类个人从事创业投资活动，培育本土创业投资品牌机构，通过市场化手段运作母基金、直投或跟投方式打造具有国际影响力和竞争力的创业投资品牌。
江苏	吸引各类合格投资者开展创业投资业务，鼓励包括天使投资人在内的各类个人从事创业投资活动，鼓励国有企业参与设立创业投资企业，鼓励有实力的创业投资企业提升国际影响力。
浙江	一是鼓励各类机构和个人设立创投公司，二是培育与引进并重，三是积极鼓励包括天使投资人在内的各类个人从事创业投资活动，四是规范发展互联网股权融资平台。

资料来源：(1)《加快科技创新构建高精尖经济结构系列文件的通知》。
(2)《北京市人民政府关于大力推进大众创业万众创新的实施意见》。
(3)《上海市人民政府印发关于加快上海创业投资发展若干意见的通知》。
(4)《广东省加快促进创业投资持续健康发展实施方案的通知》。
(5)《江苏省政府关于促进创业投资持续健康发展的实施意见》。
(6)《浙江省人民政府关于促进创业投资持续健康发展的实施意见》。

表 4-3　2017 年广东等五个省市创业投资基金发展相关政策

地区	主要政策内容
北京	引导社会资本投向原始创新、成果转化和高精尖产业，完善以金融机构、创业投资机构为主、民间资本参与的知识产权投融资服务体系。推动金融机构拓展知识产权质押融资业务，鼓励融资性担保机构为知识产权质押融资提供担保服务，探索建立质押融资风险多方分担机制。 探索完善银行、保险、证券、信托、创业投资等机构间的合作模式，构建包括科技信贷、科技保险、集合融资、融资租赁在内的创业金融服务体系。
上海	通过加强产学研用相结合培育优质项目源、建立创业投资与政府专项对接机制、打造上海创业投资基金和孵化器集聚区等引导创业投资聚焦培育新兴产业，加大创业投资政策支持力度。
广东	建立股权债权等联动机制、培育优质项目源等渠道拓宽创业投资资金和项目来源，落实税收优惠政策、建立创业投资与政府项目对接机制、发挥政府资金的引导作用、创新财政出资引导基金管理模式、创新国有创业投资机构管理模式、优化创业投资产业布局等途径加强政府引导和政策扶持。

续表

地区	主要政策内容
江苏	通过拓宽创业投资募集资金渠道、股权债权联动扩大有效投入、创新政府出资引导基金管理模式等途径引导各类社会资本加大创业投资力度，依托实施创业投资企业竞争力提升行动计划、建立健全创业投资引导基金持续投入机制、提升省级创业投资示范载体引领作用、建立多层次多领域融资对接机制等强化创业投资载体功能。 鼓励建立农业产业投资基金、农业私募股权投资基金和农业科技创业投资基金，推进农村金融创新。 推动小微企业“双创”基地与银行、创业投资机构、股权投资机构对接，联合设立或引进创业投资基金、股权投资基金并优先投资于小微企业“双创”基地内企业和项目。
浙江	一是支持鼓励国有企业、有实力的民营企业、保险公司、大学基金等各类机构投资者在风险可控、安全流动的前提条件下，投资创业投资企业和设立创业投资母基金。二是股权债权联动，创投与金融机构建立长期性合作，降低保险资金进入门槛，推动投贷联动，以及鼓励创投发行企业债券和其他债务融资等。

资料来源：(1)《加快科技创新构建高精尖经济结构系列文件的通知》。
(2)《北京市人民政府关于大力推进大众创业万众创新的实施意见》。
(3)《上海市人民政府印发关于加快上海创业投资发展若干意见的通知》。
(4)《广东省加快促进创业投资持续健康发展实施方案的通知》。
(5)《江苏省政府关于促进创业投资持续健康发展的实施意见》。
(6)《省政府关于全面推进农村金融创新发展的意见》。
(7)《关于推动小型微型企业创业创新基地加快发展的实施意见》。
(8)《浙江省人民政府关于促进创业投资持续健康发展的实施意见》。

表 4-4　　2017 年广东等五个省市创业投资基金退出相关政策

地区	主要政策内容
北京	改革国有资本参与创业投资的投入、管理与退出标准和规则，建立与其特点相适应的绩效评价体系。
上海	探索建立早期创投奖励和风险补偿机制，试点开展创业投资奖励机制，对市引导基金参股的创业投资企业和天使投资企业，投资本市重点支持领域早期创业企业的，投资获利退出时，通过市引导基金投资收益，安排一定比例的投资奖励。
广东	鼓励省内非上市股份公司到区域股权交易中心集中登记托管，通过区域股权交易中心构建公信高效、安全有序的创业投资项目二级交易市场，为创业投资企业投资退出创造条件。争取国家支持，探索建立区域股权交易中心与新三板的转板对接机制，由区域股权交易中心与证券公司合作开展新三板推荐业务；探索建立新三板与创业板、创业板与中小板的转板对接机制。研究特殊股权结构类创业企业到创业板上市的制度设计。
江苏	强化多层次资本市场的退出通道作用、鼓励创业投资以并购重组等方式实现市场化退出等途径拓宽创业投资退出通道。

续表

地区	主要政策内容
浙江	除运用好主板、创业板、全国中小企业股份转让系统市场功能外，充分发挥省级股权交易平台等区域性交易场所作用，研究制定创投基金份额评估及流通转让机制，改善市场流动性，畅通创业投资市场化退出渠道。规范发展专业化并购基金，鼓励创业投资以并购重组等方式实现市场化退出。

资料来源：（1）《加快科技创新构建高精尖经济结构系列文件的通知》。
（2）《上海市人民政府印发关于加快上海创业投资发展若干意见的通知》。
（3）《广东省加快促进创业投资持续健康发展实施方案的通知》。
（4）《江苏省政府关于促进创业投资持续健康发展的实施意见》。
（5）《浙江省人民政府关于促进创业投资持续健康发展的实施意见》。

（2）创业投资市场税收政策。随着《关于创业投资企业和天使投资个人有关税收试点政策的通知》的废止和《关于创业投资企业和天使投资个人有关税收政策的通知》的出台，财政部和国家税务总局有关创业投资企业和天使投资个人的税收政策自 2018 年 1 月 1 日起已从试点地区覆盖到全国各地，广东、浙江、江苏也与北京、上海等试点地区一道依据和参照财政部和国家税务总局政策开展创业投资市场税收优惠，对公司制、有限合伙制、天使投资个人三类投资主体所得税收优惠做了以下几个方面的规定。①

• 公司制创业投资企业采取股权投资方式直接投资于种子期、初创期科技型企业（以下简称初创科技型企业）满 2 年（24 个月，下同）的，可以按照投资额的 70% 在股权持有满 2 年的当年抵扣该公司制创业投资企业的应纳税所得额；当年不足抵扣的，可以在以后纳税年度结转抵扣。

• 有限合伙制创业投资企业（以下简称合伙创投企业）采取股权投资方式直接投资于初创科技型企业满 2 年的，该合伙创投企业的合伙人分别按以下方式处理：

方式一，法人合伙人可以按照对初创科技型企业投资额的 70% 抵扣法人合伙人从合伙创投企业分得的所得；当年不足抵扣的，可以在以后纳税年度结转抵扣。

方式二，个人合伙人可以按照对初创科技型企业投资额的 70% 抵扣个人合伙人从合伙创投企业分得的经营所得；当年不足抵扣的，可以在以后纳税年度结转抵扣。

① 资料来源：《关于创业投资企业和天使投资个人有关税收政策的通知》。

• 天使投资个人采取股权投资方式直接投资于初创科技型企业满2年的，可以按照投资额的70%抵扣转让该初创科技型企业股权取得的应纳税所得额；当期不足抵扣的，可以在以后取得转让该初创科技型企业股权的应纳税所得额时结转抵扣。

天使投资个人投资多个初创科技型企业的，对其中办理注销清算的初创科技型企业，天使投资个人对其投资额的70%尚未抵扣完的，可自注销清算之日起36个月内抵扣天使投资个人转让其他初创科技型企业股权取得的应纳税所得额。

4.1.3.2　政府引导基金发展分析

政府引导基金是由政府出资以支持创业企业发展，不以营利为目的采取股权投资或债券投资等方式投资创业投资机构，并吸引金融、投资机构等各类社会资本参与的专项资金。其核心是发挥财政资金杠杆放大效应，增加创业投资机构的资本供给，并重点鼓励其投资于种子期、初创期等早期创业标的。可见，政府引导基金是政府活用资本参与创业投资市场的重要途径，其规模是创业投资市场繁荣乃至创新创业事业顺利展开的重要体现，本节主要从存量和增量两个角度对广东、北京、上海、江苏和浙江五个地区的政府引导基金情况作对比分析。

（1）政府引导基金机构存量比较。据清科研究中心数据显示，如表4－5和图4－11所示，截至2017年底广东省共有政府引导基金172家，占全国比重的8.38%，在五个地区中数量位居第一，凸显了广东省创新创业活力强、政府支撑力度足的良好创业投资发展环境。在政府引导基金分类对比上，广东、江苏和浙江三个地区产业基金类政府引导基金数量较多，而上海地区产业基金数量最少。另外，因PPP模式的相关政策自2013年起才密集出台，因此，各地区PPP模式政府引导基金数量较少，其中五个地区中数量最多的广东仅有9家，上海则尚未成立PPP模式政府引导基金。

表4－5　　2017年广东等五个省市政府引导基金情况　　单位：家

项目	北京	上海	广东	江苏	浙江
创投基金	25	21	42	37	44
产业基金	36	13	72	75	67
PPP	4	0	9	7	5
未披露	28	22	49	44	43
总量	93	56	172	163	159

数据来源：清科研究中心私募通数据库。

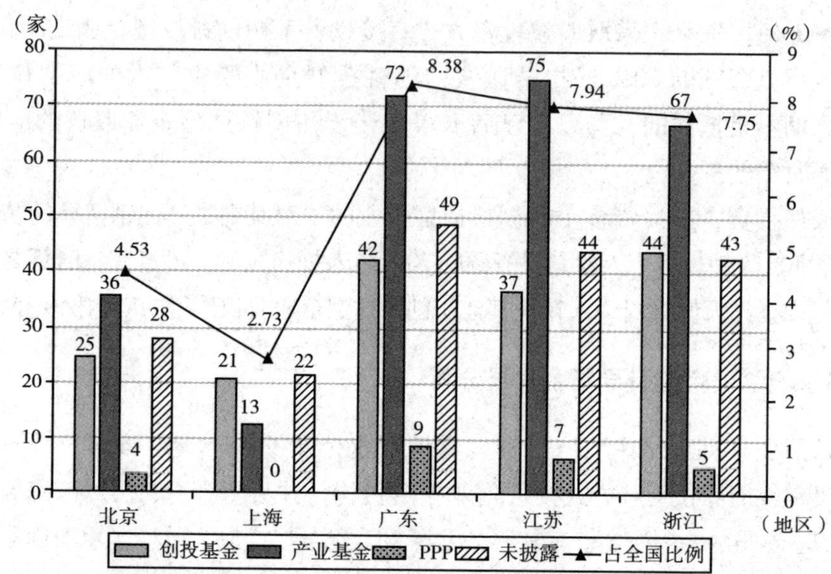

图 4-11　2017 年广东等五个省市政府引导基金类型及总量占全国比重分布情况

数据来源：清科研究中心私募通数据库。

（2）政府引导基金机构增量比较。五个地区政府引导基金增量数据显示，如表 4-6 所示，2017 年各地设立政府引导基金步伐虽放缓，但规模并没有缩小且继续保持正增长。广东年累计存量长期保持在低位增长水平，2017 年仅增加 2 家远远低于江苏的 26 家，2015~2017 年广东均增量为 9.7 家，略高于上海的 7.7 家，但低于浙江、江苏和北京平均增长水平。江苏、浙江、北京近三年数据均远高于广东，尤其是江苏，2017 年实现了“井喷式”增长。

表 4-6　　2015~2017 年广东等五个省市政府引导基金增量情况　　单位：家

年份	北京	上海	广东	江苏	浙江
2015	20	14	11	23	46
2016	19	6	16	51	45
2017	15	3	2	26	10

数据来源：清科研究中心私募通数据库。

4.2　创业投资市场对比

在创业投资市场的对比分析上，本节选取了全国创业投资市场中规模排名前五的省市为样本，除广东外，其余地区分别是北京、上海、浙江和江苏，并主要从行为、退出及绩效等角度开展对比。

4.2.1　投资行为比较

本节从投资机构、投资项目及金额、投资阶段等角度分析广东与其他四个地区的创业投资行为特征的差异性。

4.2.1.1　创业投资市场机构数量

2017 年，我国创业投资市场私募股权基金机构和创业投资基金机构数量分别达到了 9825 家和 3398 家，在创业投资机构数量排名前五的广东、北京、上海、浙江、江苏等省市中，广东省私募股权基金机构数量和创业投资基金机构数量均处于首位。

（1）私募股权基金机构。中国证券投资基金业协会数据显示，如图 4－12、表 4－7 所示，注册并备案的广东省私募股权基金机构数量于 2017 年年底达到 2276 家，占全国总数的 23.17%，比全国排名第二的北京市多了 304 家，比排名第五的江苏省多了 1798 家。在不同资本规模的私募股权基金机构分布上，广东省在 20 亿元以下、20 亿～50 亿元、50 亿～100 亿元三个资本规模的机构数量均为全国最高；但 100 亿元以上规模的大型机构数量略低于北京和上海，“头部效应”亟待加强，后续需引导其向投资能力较强、内部治理完善的大型机构发展。

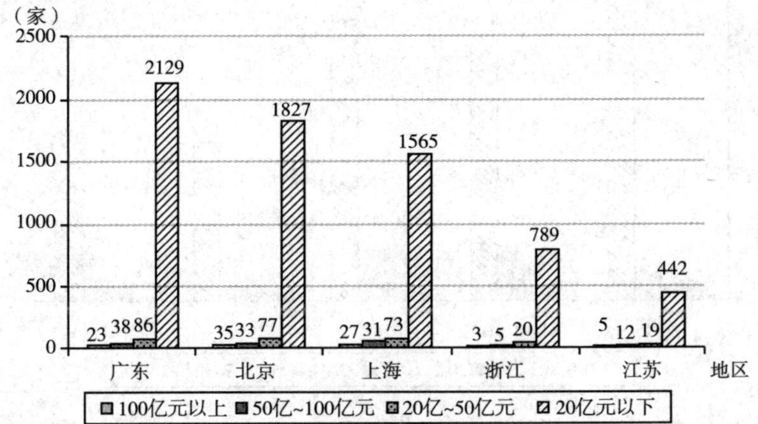

图 4－12　2017 年私募股权基金机构量排名前五省份的资本规模分布

数据来源：中国证券投资基金业协会。

表 4－7　2017 年私募股权基金机构量排名前五省份的不同规模占比分布　单位：%

资本规模	广东	北京	上海	浙江	江苏
100 亿元以上	16.67	25.36	19.57	2.17	3.62
50 亿～100 亿元	20.65	17.93	16.85	2.72	6.52
20 亿～50 亿元	21.08	18.87	17.89	4.90	4.66
20 亿元以下	23.41	20.09	17.21	8.68	4.86
总计	23.17	20.07	17.26	8.32	4.87

数据来源：中国证券投资基金业协会。

（2）创业投资基金机构。如图 4－13、表 4－8 所示，截至 2017 年年底，广东省共有创业投资基金机构 667 家，占全国的 19.66%，在各省市排名中位居首位，比排名第二的北京市多了 92 家，比排名第五的江苏省多了 365 家，进一步表明了广东省创业投资市场规模的优势地位。从资本规模来看，2 亿元以下规模的创业投资基金机构在广东占绝对优势，遥遥领先于北京、上海、浙江、江苏等省市，基金资本规模在 10 亿元以上的大型机构数量（30 家）与创业投资环境优越的北京市相当（31 家）；但在中等的 2 亿～5 亿元、5 亿～10 亿元规模上，广东相较于北京、上海等直辖市表现稍微欠佳，但强于浙江和江苏。

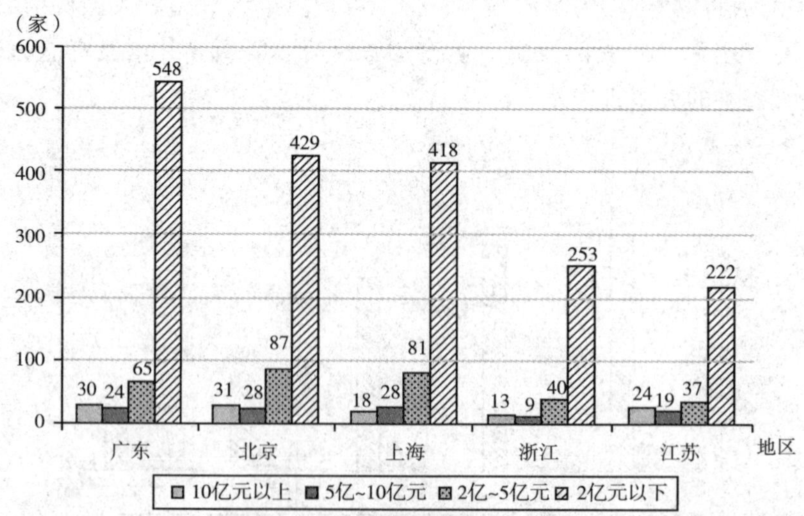

图 4－13　2017 年全国创投基金机构量排名前五省份的资本规模分布

数据来源：中国证券投资基金业协会。

表 4-8　　2017 年全国创业投资基金机构量排名前五省份的占比分布　　单位：%

资本规模	广东	北京	上海	浙江	江苏
10 亿元以上	19.35	20.00	11.61	8.39	15.48
5 亿~10 亿元	16.33	19.05	19.05	6.12	12.93
2 亿~5 亿元	13.57	18.16	16.91	8.35	7.72
2 亿元以下	20.98	16.39	15.97	9.67	8.48
总计	19.66	16.92	16.04	9.27	8.89

数据来源：中国证券投资基金业协会。

4.2.1.2　投资项目及金额比较

据清科研究中心数据，2012~2017 年广东创业投资项目数和投资金额整体呈增长态势，2017 年均排名全国第二。在广东经济总量、创业投资市场的私募股权基金机构和创业投资基金机构数量上均长期处于全国首位的背景下，创业投资项目数量和投资金额却远落后于北京，由此可见，广东创业投资市场的机构规模优势尚未完全发挥，市场有待进一步挖掘。

（1）创业投资项目数量。从图 4-14 中可看出，自 2012 年起，广东与北京、上海、浙江、江苏等地区创业投资市场的历年项目数变化趋势基本一致，2017 年广东创业投资项目达到 855 项，位列五个地区第二位，但与居于首位的北京相比有明显差距，数量少了 538 项。广东和上海历年投资项目数据较为接近，并交替占据全国第二的位置。浙江和江苏两地区与广东相比，处于低位水平且差距有进一步扩大趋势。

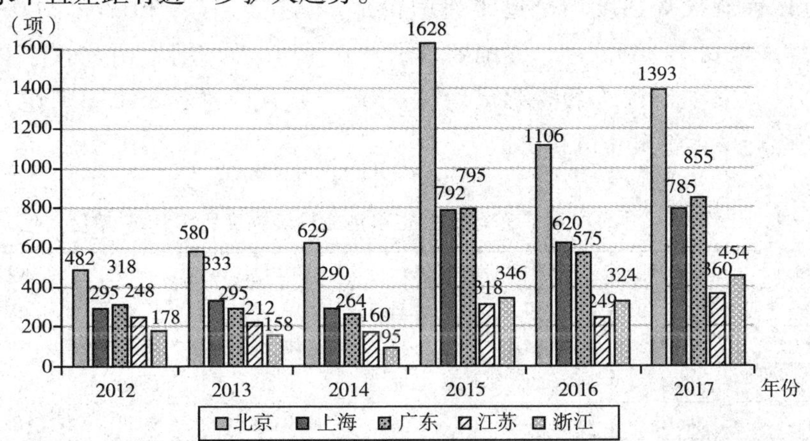

图 4-14　2012~2017 年北京、上海、广东、浙江、江苏创业投资项目数量分布

数据来源：清科研究中心私募通数据库。

（2）创业投资额。广东等五个地区投资金额历年分布所呈现特征与项目数量情况较为相似，如图 4－15 所示，广东自 2013 年创业投资额保持了持续增长，2017 年首次实现对上海的反超，位列全国第二，与江苏、浙江的比较优势也在进一步扩大。北京近年增长幅度较为明显，2017 年达到 718 亿元，比排名第二的广东 319 亿元水平高出了 1 倍多。

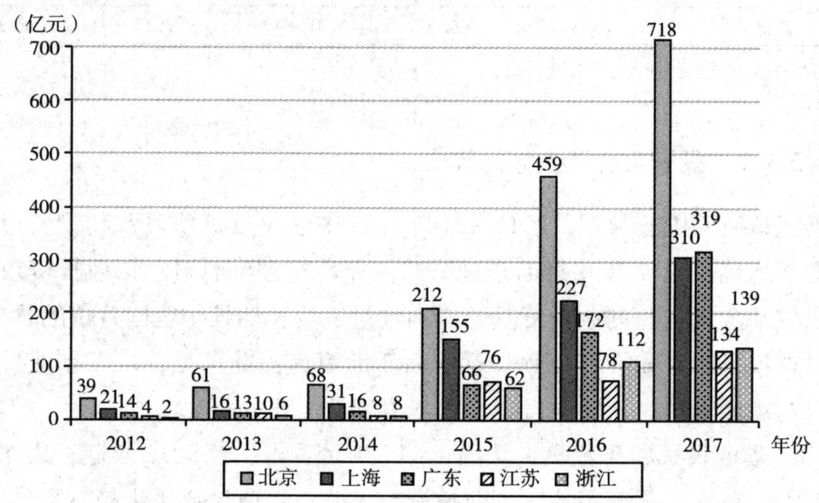

图 4－15　2012～2017 年北京、上海、广东、浙江、江苏五地区创业投资金额情况

数据来源：清科研究中心私募通数据库。

（3）创业投资强度。从投资项目数和金额综合来看，如图 4－9 所示，五个地区创业投资强度均呈逐年递增特征，其中广东从 2012 年的 0.04 亿元/项增加至 0.37 亿元/项，逐渐缩小了与其他地区的差距，并实现了对浙江的反超。北京在 2017 年投资强度增长至 0.52 亿元，进一步巩固了在五个地区投资强度中占据首位的优势。

表 4－9　2012～2017 年广东等五个省市创业投资强度历年分布 单位：亿元/项

项目	2012 年	2013 年	2014 年	2015 年	2016 年	2017 年
北京	0.08	0.10	0.11	0.13	0.41	0.52
上海	0.07	0.05	0.11	0.20	0.37	0.40
广东	0.04	0.04	0.06	0.08	0.30	0.37
江苏	0.02	0.05	0.05	0.24	0.32	0.37
浙江	0.01	0.04	0.08	0.18	0.34	0.31

数据来源：清科研究中心私募通数据库。

（4）投资阶段比较。不同规模管理资本的创业投资机构倾向于投资不同成长阶段的投资标的，一般情况下，管理资本规模越大的创业投资机构越倾向于选择处于成长期以上阶段的标的，反之则相反。如图 4－16 所示，2017 年广东以种子期投资为主，而北京、上海、江苏和浙江地区的投资项目均以成熟期为主。在各投资阶段具体分布的对比上，广东初创期投资项目数高于江苏、浙江，但低于北京和上海地区，成长期和成熟期投资项目数在五个地区中均处于末位。北京在初创期、成长期和成熟期阶段的投资项目数均位居五个地区首位，唯有种子期低于广东，进一步彰显了广东在种子期投资项目数的优势地位。

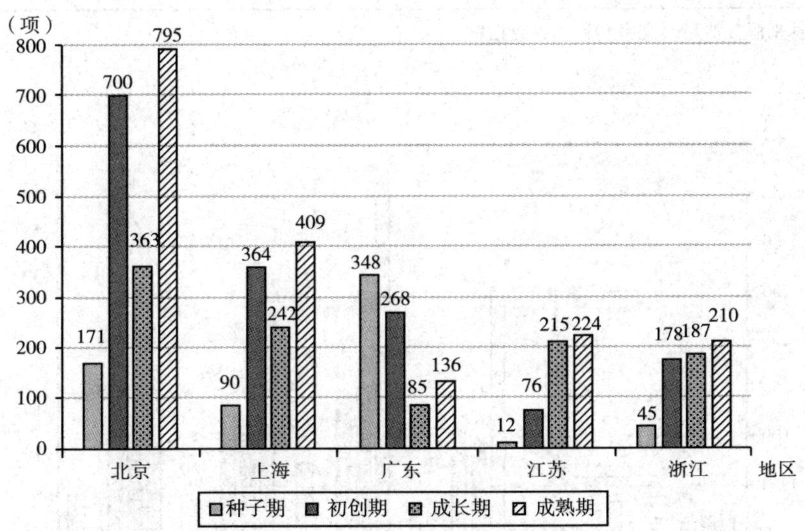

图 4－16　2017 年广东等五个省市在不同阶段的创业投资项目数分布

数据来源：清科研究中心私募通数据库。

清科旗下私募通数据库相关数据显示，历年来北京、上海、广东、江苏和浙江五个地区在不同投资阶段投资项目数量波动呈现出不同的特征。

如表 4－10、图 4－17 所示，在种子期，广东无论从项目数还是占各阶段比重上都表现为持续增加，其中项目数虽在 2016 年略有回落，但 2017 年实现了高额度增长达到 348 项，占各投资阶段项目总数的 41.58%。北京、上海、江苏和浙江四个地区的历年波动基本一致，自 2013 年起占比基本处于下降趋势。

表 4-10　　2012～2017 年广东等五个省市种子期创业投资项目实现数及占比分布

年份	北京		上海		广东		江苏		浙江	
	数量（项）	比例（%）	数量（项）	比例（%）	数量（项）	比例（%）	数量（项）	比例（%）	数量（项）	比例（%）
2012	33	6.86	22	7.48	16	5.05	4	1.63	10	5.68
2013	39	6.76	27	8.13	10	3.42	7	3.30	10	6.33
2014	251	18.99	96	15.17	92	16.14	26	8.31	32	12.26
2015	361	17.26	151	13.06	150	13.16	23	4.88	77	13.95
2016	239	14.21	106	12.63	109	13.57	34	10.37	44	10.81
2017	171	8.43	90	8.14	348	41.58	12	2.28	45	7.26

数据来源：清科研究中心私募通数据库。

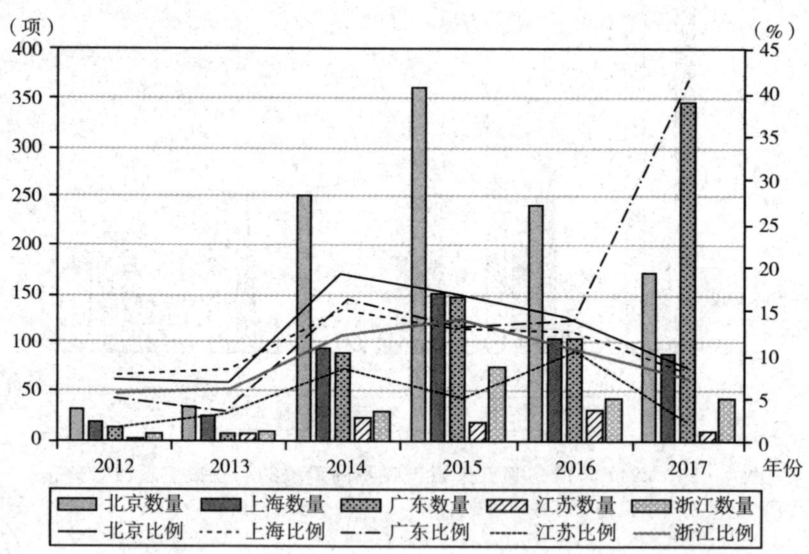

图 4-17　2012～2017 年广东等五个省市种子期创业投资项目实现数及占比变化趋势

数据来源：清科研究中心私募通数据库。

如表 4-11、图 4-18 所示，在初创期，自 2012 年起，各地区投资项目数均呈倒 U 型结构，除浙江外，其他四个地区均在 2015 年达到数量最大值，之后逐年减少。其中，北京项目数量历年来远多于其他四个地区，广东数量处于中间位置，多于江苏、浙江，少于北京、上海。在历年占比波动上，江苏自 2013 年起处于下降趋势，且自 2014 年起在五个地区的对比中一直处于末位，并于 2017 年达到最低值 14.42%。北京、上海、广东和浙江占比水平在 2017 年均出现明显幅度降低。

表 4-11　2012～2017 年广东等五个省市初创期创业投资项目实现数及占比分布

年份	北京		上海		广东		江苏		浙江	
	数量（项）	比例（%）	数量（项）	比例（%）	数量（项）	比例（%）	数量（项）	比例（%）	数量（项）	比例（%）
2012	172	35.76	110	37.41	63	19.87	71	28.86	32	18.18
2013	252	43.67	140	42.17	89	30.48	80	37.74	52	32.91
2014	534	40.39	270	42.65	162	28.42	86	27.48	99	37.93
2015	795	38.00	502	43.43	374	32.81	110	23.35	176	31.88
2016	782	46.49	364	43.38	334	41.59	77	23.48	176	43.24
2017	700	34.50	364	32.94	268	32.02	76	14.42	178	28.71

数据来源：清科研究中心私募通数据库。

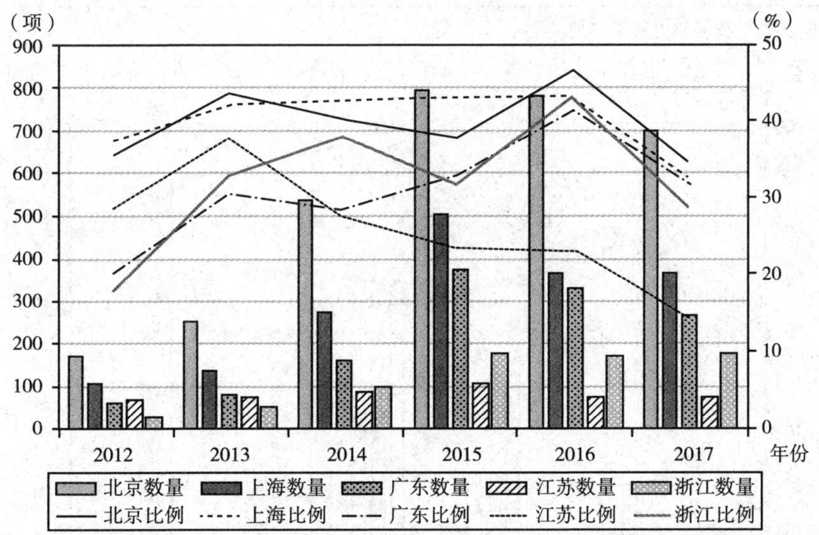

图 4-18　2012～2017 年广东等五个省市初创期创业投资项目实现数及占比变化趋势

数据来源：清科研究中心私募通数据库。

如表 4-12、图 4-19 所示，在成长期，广东占比水平持续下降，2017 年达到历史最低点的 16.25%，并低于其他四个地区。北京、上海和浙江三地区项目占比历年波动特征较为相似，2012～2016 年处于下降态势，但在 2017 年实现了大幅度回升。江苏成长阶段投资项目数占全阶段项目总数的比重一直处于高位，并自 2014 年起位居五个地区的首位。在投资项目数量上，广东自 2015 年起数量逐年减少，北京规模历年保持绝对优势且于 2017 年达到最大值的 795 项。

表 4－12　　2012～2017 年广东等五个省市成长期创业投资项目实现数及占比分布

年份	北京		上海		广东		江苏		浙江	
	数量（项）	比例（%）	数量（项）	比例（%）	数量（项）	比例（%）	数量（项）	比例（%）	数量（项）	比例（%）
2012	185	38.46	116	39.46	135	42.59	101	41.06	81	46.02
2013	208	36.05	112	33.73	123	42.12	76	35.85	56	35.44
2014	423	32.00	194	30.65	208	36.49	128	40.89	84	32.18
2015	626	29.92	353	30.54	348	30.53	227	48.20	182	32.97
2016	444	26.40	247	29.44	209	26.03	149	45.43	104	25.55
2017	795	39.18	409	37.01	136	16.25	224	42.50	210	33.87

数据来源：清科研究中心私募通数据库。

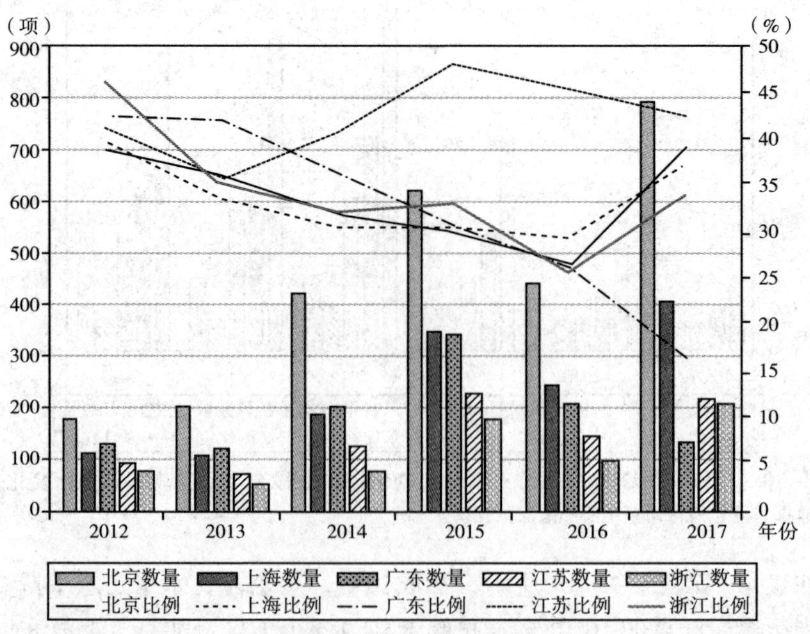

图 4－19　2012～2017 年广东等五个省市成长期创业投资项目实现数及占比变化趋势

数据来源：清科研究中心私募通数据库。

如表4－13、图4－20所示，在成熟期，2012～2016年广东、江苏和浙江三个地区占比均表现为减少，但高于北京和上海水平，广东在2017年继续处于下降趋势，而江苏和浙江则实现了增长，出现了波动特征分化。北京成熟期项目数量虽一直处于五个地区的首位，但在全投资阶段的占比中一直低于20%，2017年增长至17.89%，高于广东水平，低于上海、浙江、江苏。

表4－13　2012～2017年广东等五个省市成熟期创业投资项目实现数量及占比分布

年份	北京		上海		广东		江苏		浙江	
	数量（项）	比例（%）	数量（项）	比例（%）	数量（项）	比例（%）	数量（项）	比例（%）	数量（项）	比例（%）
2012	91	18.92	46	15.65	103	32.49	70	28.46	53	30.11
2013	78	13.52	53	15.96	70	23.97	49	23.11	40	25.32
2014	114	8.62	73	11.53	108	18.95	73	23.32	46	17.62
2015	310	14.82	150	12.98	268	23.51	111	23.57	117	21.20
2016	217	12.90	122	14.54	151	18.80	68	20.73	83	20.39
2017	363	17.89	242	21.90	85	10.16	215	40.80	187	30.16

数据来源：清科研究中心私募通数据库。

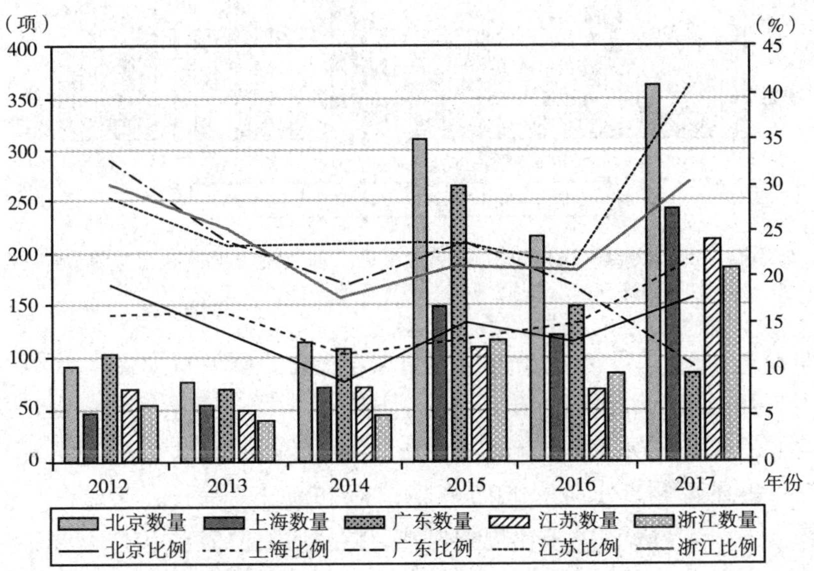

图4－20　2012～2017年广东等五个省市成熟期创业投资项目实现数及占比变化趋势

数据来源：清科研究中心私募通数据库。

4.2.2 退出及绩效比较

项目退出是创投机构实现投资收益、回收投资资金的必要环节。本节从退出规模及年限、方式、倍数等方面开展广东与其他四个地区的项目退出和绩效对比分析。

(1) 项目退出规模及平均年限。图4-21中的数据显示，2012~2016年广东投资项目退出数量逐年上升，从2012年的50项增长至2016年的336项，并于2015年数量首次超过上海，位居五地区第二，仅低于北京。北京和上海两地表现为先上升后下降的倒U型特征，且北京投资项目退出数量长期稳居五个地区第一。2017年各地区项目退出数量均出现了一定幅度回落，其中北京减少最多，数量达到135项。

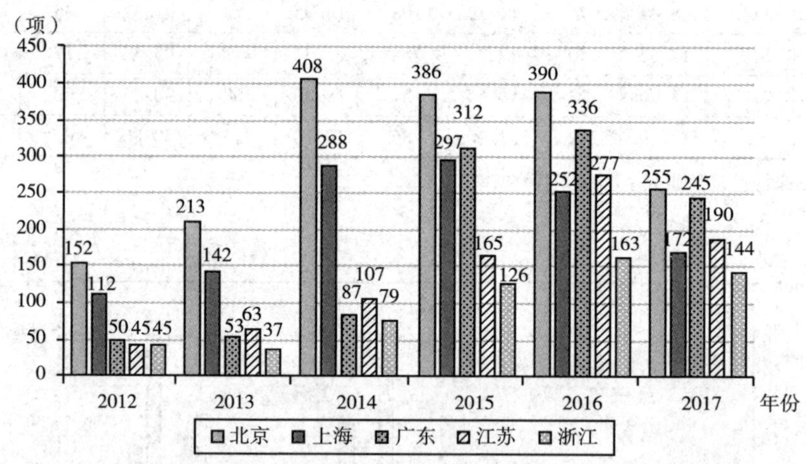

图4-21 2012~2017年广东等五个省市创业投资项目退出数量分布

数据来源：清科研究中心私募通数据库。

如表4-14所示，在创业投资项目退出平均年限分布上，广东2017年回落到3.5年，高于北京和上海，但低于江苏和浙江。在不同地区退出周期历年波动上，各地区项目退出年限基本在2~4年时间长度区间波动，超过4年的情况仅出现两次，分别是2016年的广东和浙江。另外，2012~2016年广东、北京、上海和浙江的退出周期保持了持续增加，但在2017年出现一定程度回落，而江苏则长期保持增长态势。

表 4-14　2012~2017 年广东等五个省市创业投资项目平均退出年限　单位：年

年份	北京	上海	广东	江苏	浙江
2012	2.51	2.51	2.4	3.07	2.29
2013	2.32	3.07	2.65	3.21	3.25
2014	3.44	3.14	3.13	3.35	2.84
2015	3.45	3.8	3.81	3.6	3.92
2016	3.47	3.97	4.29	3.64	4.22
2017	3.09	3.22	3.5	3.75	3.64

数据来源：清科研究中心私募通数据库。

（2）退出方式分布。在创业投资市场，不同项目退出方式所带来的投资收益也有很大差异，IPO、新三板和股权转让三种方式既是收益高也是主要退出方式。图 4-22 数据显示，2017 年广东通过 IPO 方式退出项目数在五个地区中数量最多，新三板和股权转让方式仅次于北京，而三种退出方式合计量为 205 项高于北京，位居五个地区的首位。

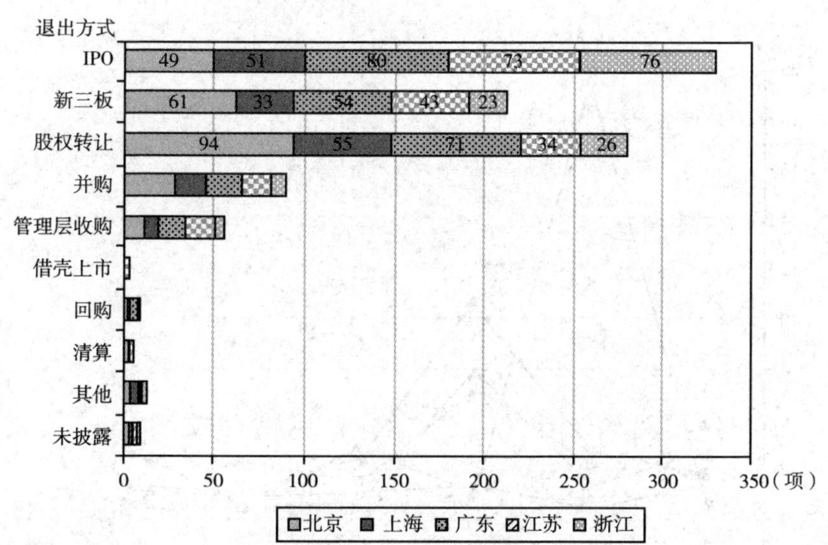

图 4-22　2017 年广东等五个省市创业投资项目退出方式分布

数据来源：清科研究中心私募通数据库。

（3）投资绩效。创业投资绩效是衡量创投机构投资活动效益的核心指标，也是创投市场业态活性和吸引力的重要体现，通常采用创业投资退出平均回报倍数指标进行衡量。表4－15、图4－23数据显示，广东创业投资退出平均回报倍数长期平稳保持在低位水平波动，最大波动差仅为1.01倍，历史最高水平未突破3.5倍，2017年水平虽略高于上海和江苏，但低于北京和浙江。在历年变化上，2015年之前五个地区平均回报倍数波动较大，随后回归常态并基本保持在2～4倍区间波动，其中，浙江退出平均回报倍数波动最大，2013年为19.48倍，2017年达到了近三年来的4.86倍新高，处于五个地区的首位。

表4－15　2012～2017年广东等五个省市创业投资退出平均回报倍数　单位：倍

年份	北京	上海	广东	江苏	浙江
2012	3.77	5.75	3.33	4.8	2.47
2013	4.62	4.23	2.32	3.23	19.48
2014	10.59	7.22	3.45	7.98	3.04
2015	4.37	3.52	2.97	2.77	4.81
2016	2.85	4.33	2.77	2.39	2.48
2017	3.29	2.58	3.07	2.42	4.86

数据来源：清科研究中心私募通数据库。

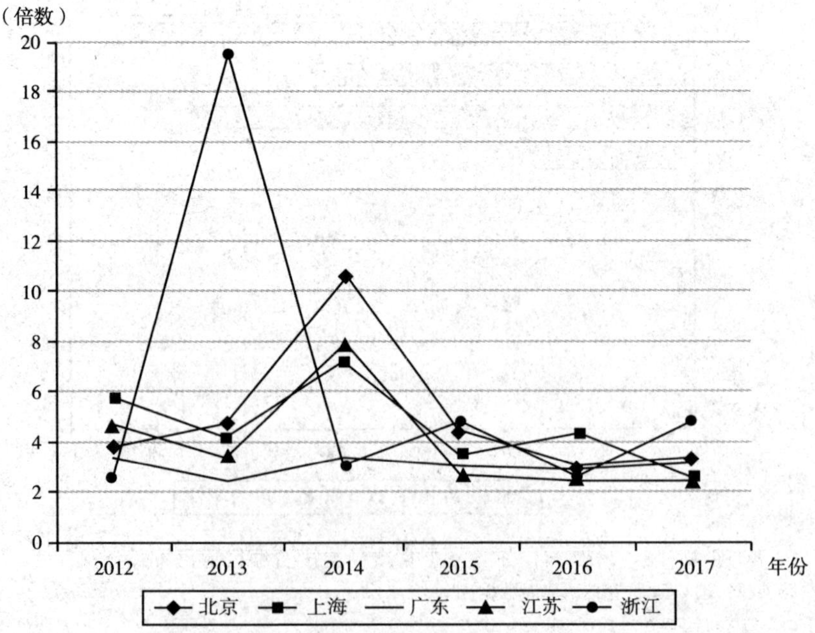

图4－23　2012～2017年广东等五个省市创业投资退出平均回报倍数

数据来源：清科研究中心私募通数据库。

第3篇

广东省创业投资案例分析

第5章　广东省创业投资机构案例

广东省投资机构数量众多。本书在选择投资机构的时候，尽量考虑机构要有代表性，选择能代表投资机构未来发展模式的机构。从出资方层面，既考虑国有企业的投资机构，又考虑民营的投资机构；从投资方向层面，既考虑综合性投资机构，又考虑特定行业的产业基金；在产业基金中，既考虑民营的产业基金，又考虑依傍上市公司的产业基金；从投资阶段层面，既考虑早期的投资机构，也考虑 VC、PE 阶段的投资机构。

基于以上考虑，我们选择了广东省粤科金融集团有限公司（以下简称“粤科金融集团”）、深圳市创新投资集团有限公司（以下简称“深创投”）、广东盛图投资有限公司（以下简称“广东盛图”）、广东文化产业投资管理有限公司（以下简称“广东文投”）、广州启诚创业投资管理有限公司（以下简称“广州启诚”）五家投资机构作为本章典型案例。

5.1　案例一　粤科金融集团

5.1.1　机构简介

广东省粤科金融集团有限公司成立于2000年9月，是广东省政府授权经营的国有独资企业。作为国内最早成立的创投机构之一，也是国内首家省级科技金融集团，粤科金融集团致力于为广东科技创新提供综合金融服务，通过构建基金业务、创投业务、金融业务、资产管理等业务体系，初步形成“创投为主、多业联动”的发展格局，努力打造国内知名创投机构，积极发挥广东建设国际风投创投中心的生力军作用，服务“大众创业、万众创新”，推动广东创新驱动发展和供给侧结构性改革。

截至 2017 年末，公司累计投资的企业约 250 家（包括历年投资和已退出项目），累计投资总额 60 亿元。此外，集团管理基金总规模超 500 亿元。其中，注册资本 35 亿元，期末总资产 340 亿元、净资产 146 亿元，全年实现营业收入 62 亿元、利润总额 7.2 亿元，先后获得"投中 2014 ~ 2017 中国创投发展 50 指数"第 12 名、"投中 2017 年度中国最佳创业投资领域有限合伙人 Top10"、"金汇奖 2017 年中国政府引导基金"第 2 名等称号，信用评级达到 AAA 的主体最高等级。

5.1.2 国资背景，投资特点鲜明

粤科金融集团作为国内首家省级科技金融集团，自创立之日就担负了更多的行政职责，肩负着推动广东省高新技术产业发展的职责。此外，国有的背景，使集团在发展的过程中，会更多地考虑国家的战略产业布局以及业务主管部门对投资新兴产业的要求，使粤科金融集团在创投业务中形成鲜明的特点。

（1）注重早中期。粤科金融集团自 2000 年成立起，作为业内早期的风险投资公司，投资涉及多个阶段。投资阶段以初创和成长期为主，其中，投资阶段在初创期及成长期占比高达 87%。对比前两年的投资方向，粤科金融集团在项目的选择方面作了一系列的改变，从一开始的注重初创、成长期项目，到后期寻找一些成熟期的或者是快要上市的项目，回归到现在以初创、成长期为投资重点阶段。现阶段各投资阶段投资项目比重如图 5－1 所示。

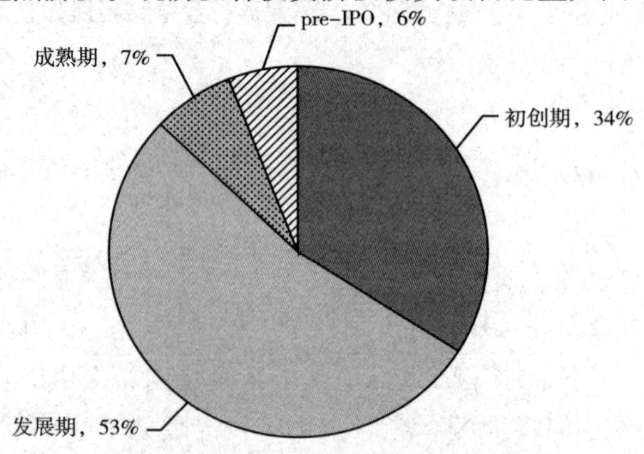

图 5－1　各投资阶段投资项目比重

数据来源：广东省粤科金融集团有限公司。

（2）注重产业聚焦。粤科金融集团的投资领域是以国家重点发展的战略性新兴产业为主要投资方向，包括信息技术、新材料、高端装备、生物医药、节能环保等八大行业。按照行业的布局，粤科金融集团投资研究人员分成八个不同行业小组。每个小组人数控制在4～10人之间。2017年，从投资企业类型看，投资科技型企业占85%，投资国家级高新技术企业占70%（见图5－2）。投资注重产业聚焦，突出了粤科金融集团响应国家扶持初创科技型企业的政策导向。

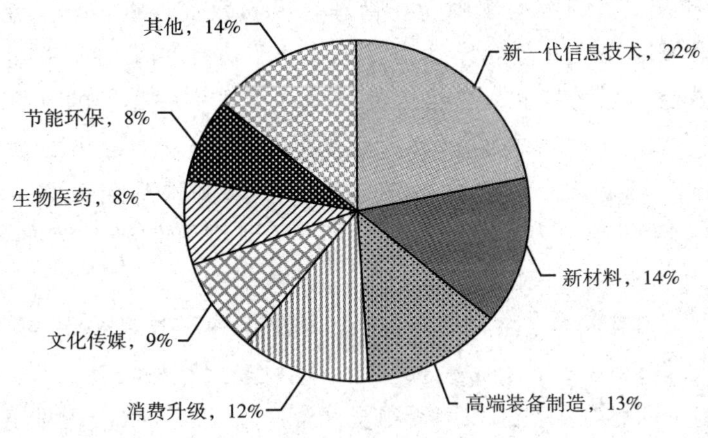

图5－2　各投资领域投资项目比重

数据来源：广东省粤科金融集团有限公司。

（3）注重投后管理服务。在投后管理服务上，粤科金融集团成立的八大行业投资小组，都分配了法律、会计等角色人员，以专业化的投后管理和服务赋能，为在投企业提供各类增值服务，打造以退出为导向的投后服务机制。集团积极推动投后的企业上市和挂牌新三板，优化资本运作提升企业价值。一方面，帮助持股上市公司开展资本运作，推动企业完善产业链布局，例如积极主导持股上市公司广东鸿图顺利完成公司债券发行、收购宁波四维尔和完成股权激励首次股票授予工作等重大资本运作，推动其完善汽车产业链布局；另一方面积极为投资的新三板挂牌企业提供相关增值服务，推进企业IPO转板、进入创新层、引入做市券商和开展上下游产业链收购等，大力提升投资企业的价值。截至2017年末，粤科金融集团通过各投资主体投资共推动60多家企业实现IPO上市或在“新三板”挂牌，2017年减持项目实现高位退出，回收资金3.8亿元。

5.1.3 创新经营，多业联动

粤科金融集团以“创投为主、多业联动”的多元化业务构建成拥有基金业务、创投业务、金融业务、资产管理等多个业务体系的发展格局。

首先，积极布局科技创新产业，构建全链条、多类型的基金业务体系。截至 2017 年末，粤科金融集团受托管理省级财政资金近 100 亿元，管理及参股的创业风险投资基金规模达 500 亿元。设立了涵盖种子基金、天使基金、产业基金、区域基金、并购基金、母基金等多种类型的基金体系。对比这两年创投企业出现大面积募资难的情况，粤科金融集团则在基金募资方面有着广阔的渠道，广泛吸纳资金，形成多种基金类型，投资领域覆盖战略性新兴产业和高新技术产业，推动更多创新要素向科技产业集聚。

其次，大力延伸科技金融服务链条，切实解决科技型企业融资难题。集团着力解决科技型中小企业融资难问题，建设多层次科技金融服务平台，不断做强小额贷款、融资担保和融资租赁、资产管理等科技金融业务，形成了覆盖科技型中小微企业不同发展阶段的科技金融业务体系。截至 2017 年末，粤科集团下属小额贷款、融资担保、融资租赁、资产管理四个平台共为 300 多家企业提供贷款、担保、租赁、资产收购等金融服务，累计服务金额达 120 多亿元。

最后，集团还积极建设园区和科技企业孵化器，为广东创新创业营造良好环境。按照以“四众”促“双创”的要求，集团努力探索科技园区和孵化育成体系的建设，依托自身资本运作平台，综合运用多种金融手段，优化资源配置，促进产融结合，打造国家级孵化器。同时，以“粤科产业园和孵化器”为抓手，形成覆盖“创客空间—孵化器—加速器—总部基地”全链条的产业创新载体，结合产业并购、资源整合等多种资本运营手段，为科技型企业提供增值服务，助推我省科技产业发展。截至 2017 年末，粤科集团在建及正式运营的科技园区和孵化器共 7 个，成功孵化和服务企业 100 多家，累计为 2000 多家科技型企业提供了创业辅导、投融资咨询服务。

5.2　案例二　深创投

5.2.1　机构简介

深创投是深圳市政府于1999年出资5亿元并引导社会资本出资2亿元设立的、专业从事创业投资的有限责任公司。公司主要股东包括深圳市国有资产监督管理局、深圳市投资控股有限公司、上海大众共有事业集团股份有限公司、广州电力发展股份有限公司、深圳能源投资股份有限公司、中兴通讯股份有限公司等。2009年底，深创投管理资金规模已达100亿元，直到2014年，注册资本高达42亿元人民币，是当时乃至现在中国规模最大的本土创投公司之一。公司成立以来始终致力于培育民族产业、塑造民族品牌、促进经济转型升级和新兴产业发展。

深创投主要投资中小企业、自主创新高新技术企业和新兴产业企业、初创期和成长期及转型升级企业，涵盖信息科技、互联网/新媒体、生物医药、新能源/节能环保、化工/新材料、高端装备制造、消费品/现代服务等国家政策重点扶持的行业领域。

凭借在创投领域的杰出表现，深创投在中国投资协会股权和创业投资专业委员会、清科集团、投中集团、《福布斯》中文版、上海证券报、证券时报等权威机构举办的内外资创投机构综合排名中连续多年名列前茅。

5.2.2　管理种类多样、规模庞大的基金体系

目前，深创投管理各类基金总规模约2920.11亿元，包括多种基金组织形式。

（1）政府引导基金。深创投从2006年开始与各地方政府成立政府创业投资引导基金，2007年初与苏州市政府成立了第一支区域性地方政府创业投资引导基金。截至2018年，深创投与政府联合成立的引导基金为101只，总规模达325.24亿元，已全国覆盖到中央级、省级、地市级及县区级。

（2）中外合作基金。2002年，深创投与新加坡大华银行、新加坡

Technopreneurship Investment Pte Ltd（TIPL）三方联合成立了基金规模高达5000万美元的中国境内第一家中外合资的创投基金。目前旗下有四只中外合作基金：中新创业投资基金、深圳中韩产业投资基金、中以基金、中日CVI基金。

（3）商业化基金。深创投目前管理的商业化基金有11家，管理基金总规模为17.40亿元人民币。商业化基金多采取委托深创投集团直接管理的方式，一方面通过收取管理费用形成有效费用；另一方面可以增加集团可以控制的投资基金。

（4）母基金。深创投作为唯一的机构合伙人参与前海股权投资母基金。前海母基金管理规模为285亿元人民币，是目前国内最大的商业化募集母基金，也是国内单只募集资金规模最大的创业投资和私募股权投资基金。深创投与深圳前海淮泽方舟创业投资企业（有限合伙）共同成立前海方舟资产管理公司，注册资本为1亿元人民币，共同管理前海股权投资母基金。前海母基金开创性地提出投资子基金与直接投资相结合、不双重征费、收益率与流动性兼顾的商业模式。母基金整体投资策略追求低风险，中高收益，以参股优质创业投资和私募股权投资基金为主，以直接投资和短期投资为辅。母基金投资结构包括四类：PE/VC子基金、创新型股权与项目混合型基金、投资选择性项目、PE二级市场及短期回报类投资。

5.2.3 打造企业人才战略

激励合理是留住人才的关键环节，即使是在成立已久的老牌创投机构——深创投，也在人才战略中下了一番功夫。

首先，在激励机制方面，深创投就将税后利润的10%奖励给全体员工。对于投资团队，公司将净收益的4%奖励给团队，对于公司高管如有超额业绩，则提取一定比例对高管进行奖励。

其次，自2005年以来，深创投就引入了“跟投”制度，投资经理须用总投资金额1%的自有资金进行投资，这种跟投方式在很大程度上影响了投资经理对项目的判断和选择，提升了投资经理的业务能力，促使投资项目的数量和质量得到相当程度的提高。

最后，深创投自2003年底就设立博士后科研工作站，这是国内创业投资行业拥有的第一家博士后工作站。工作站先后招收12批次博士后共计63人，出站28人。博士后拟订的选题均围绕某个行业的投资与风险控制策略而展开，覆盖的行业包括：信息科技、互联网/新媒体/文化创意、生物技术/健康、新能源/节能环保、新材料/化工、消费品/现代服务以及高端装备制造行业等。博士后科研工作站的设立，为深创投和国内其他创投机构持续不断地输送了一大批高级金融人才。

5.2.4 开展务实投资

（1）瞄准成长性企业，强化投后管理。深创投投资的75%以上项目均是高新项目，创业板开板的第一年，深创投就成了创业板的最大赢家，所投企业在创业板的IPO数量有8个。截止到2018年，深创投在成立19年间一共有44家在投企业在创业板上市，数量占比6%，市值占比达10.6%。深创投之所以在创业板有这么高的占比率，是因为公司一直坚持价值投资，在投前及投后两大方面都做了不断摸索及创新。在投资方面，深创投以成长型企业为主要投资方向，将近六成的资金投向于成长期的项目。在此过程中发掘一些有内在价值的企业和有未来成长性的企业，合理搭配投资组合，力争风险最小化和收益最大化。在投后管理方面，将主要精力放在投后，三分精力做投资，七分精力做管理，尽可能通过长期持有，最大限度扶持企业成长，最终以IPO方式退出。

（2）立足深圳，辐射全国。作为国内最大的本土创投机构，深创投从2000年起，一直沿用深圳总部下辖华北、华东等五大区域管理公司的架构，所有项目均由总部集中决策、集中管理。因此，在投资区域上，深创投没有限定只投深圳，实际投资以深圳、珠三角为主，并覆盖全国。由图5-3和图5-4的区域投资项目数和金额可以看出，在华东地区（上海、江苏、浙江等）及深圳的占比最高，两个地区共占深创投投资数量的1/2以上。

（3）投资行业多样化。在行业方面，深创投覆盖面非常广，主要涉及七大行业，包括信息科技、制造业、互联网、新能源环保、生物医药、消费升级等。在投资项目数量和金额上，深创投在高端设备制造及消费品/物流/连锁服务这两大板块都占较高的比重，两个板块的数据总和都占到所投资的项目数及金额的1/2。

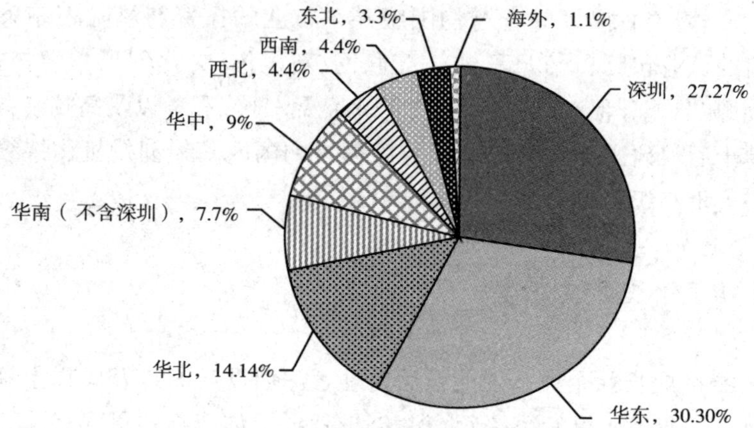

图 5-3 各区域投资项目数

数据来源：深圳市创新投资集团有限公司。

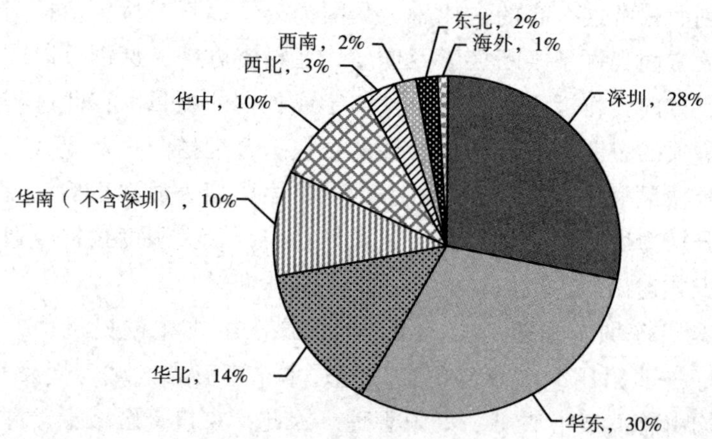

图 5-4 各区域投资金额

数据来源：深圳市创新投资集团有限公司。

5.3 案例三 广东盛图

5.3.1 机构简介

广东盛图成立于 2016 年，是广东鸿图旗下全资子公司，是以产业基金、并购基金、股权投资、资本运作业务为主的投资平台，为上市公司的战略发展、产业升级和业务相关多元化提供投资服务与支持。目前广东盛图在投项目有5个，退出项目有1个。

广东盛图的母公司是广东鸿图科技股份有限公司（股票代码：002101，简称广东鸿图），是以生产摩托车配件、压铸件起家的，20世纪90年代开始转型做汽车压铸件，专注精密铝合金压铸件的设计和生产制造，产品主要用于汽车、通信和机电行业。粤科金融集团是广东鸿图的发起人股东之一。广东鸿图2015年之前的大股东是高要市国资委，2015年之后的大股东是广东省粤科金融集团有限公司。广东鸿图在2006~2016年之间主营业务以内生性增长为主，每年呈现两位数以上的增长。从2016年开始，广东鸿图由内涵式发展向内涵式与外延式发展并重转变，拓展了其集团业务，设立了旗下的投资机构——广东盛图，实现转型升级和集团化管理。

5.3.2 沿汽车产业链布局

广东盛图的投资领域聚焦在汽车产业链领域，为母公司广东鸿图的产业升级和业务延伸提供服务，投资有核心竞争优势的汽车产业领域项目，如无人驾驶、机器人生产、电池领域、正极材料、汽车领域工业4.0等领域项目都在广东盛图的投资范围内。广东盛图目前退出的项目不多，2016年投资东旭光电，2017年退出，半年时间投资收益接近25%。广东盛图对项目的选拔标准基本都要求被投企业有核心技术，团队有很强的运营能力，有较深的业务资源，在产业链中的位置要好。

5.3.3 双GP模式寻求业务协同

上市公司直接投资企业，合并财务报表的风险高，然而通过产业基金的形式设立双GP，投资标的之后，把所有的问题梳理清楚，辅助其成长，达到上市公司可以并购的条件再并购则相对安全更多。因此，广东盛图成立产业基金的模式基本上是双GP模式，上市公司、汽车产业链的其他企业（如产业链上的企业方盛实业等）、当地政府等一起出资成立产业基金，邀请有能力的投资人一起参与管理，最大可能谋求业务协同，在参与比例与组合上可以做多元化处理。产业基金主要落地在汽车产业发达的地区，像国内传统汽车整车制造基地，如柳州、武汉等地，基金的年限一般为 5 ~ 7 年，单只基金一般在 2 亿 ~ 3 亿元之间，早中晚期的项目都投资，退出以上市公司并购为主。

5.3.4 产业基金情况

2017 年 5 月，广东盛图与广西方盛实业股份有限公司、广西柳州市东城投资开发集团有限公司共同投资设立产业基金——柳州盛东投资中心（有限合伙）基金，广东盛图（或及其下属子公司）本次参与设立的投资基金规模为 3.3 亿元，其中广东盛图（或及其下属子公司）出资不超过 5000 万元，占资金总规模的 15.15%，由广西沃盛投资管理有限公司与珠海励图投资管理有限公司共同担任基金管理人。投资方向为汽车产业领域中具有自主核心先进技术的产业（包括智能制造、汽车零部件、新能源汽车、汽车后市场、汽车电子等）以及其他行业前景广阔的项目，根据需要可涉及相关的新材料、产品、物联网等支撑领域。其中投资人方盛实业的专用车、车桥、汽车底盘和冲压件、内外饰件、座椅、锻件、电器等汽车零部件产品及汽车模具达到国内先进水平。该基金明确了汽车行业特别是新能源、轻量化和智能化等相关领域的投资方向，为公司在汽车及其相关领域取得新的发展增添了有效的助推手段。

2017 年 10 月，广东盛图及其子公司珠海励图、广州信盈投资基金管理有限公司、广州信盈智能制造股权投资合伙企业（有限合伙）共同投资设立产业基金，广东盛图及珠海励图参与设立的投资基金规模为 3 亿元，其中广东盛图及珠海励图以现金方式合计出资不超过 5000 万元，出资规模占资金总规模的 16.67%。基金投资方向主要是投资于具有自主核心先进技术的汽车及高端装备制造等相关产业。该基金采取双 GP 管理模式，广州信盈与珠海励图均为普通合伙人，其中珠海励图担任执行事务合伙人，负责基金的具体运作事宜。

2018 年 2 月，广东盛图及其子公司珠海励图与广东温度投资管理有限公司、东莞市温和创业投资合伙企业（有限合伙）共同投资设立产业基金，广东盛图及珠海励图本次参与设立的投资基金规模为 3 亿元，其中广东盛图及珠海励图以现金方式合计出资不超过 6000 万元，出资规模占资金总规模的 20%。由广东温度和珠海励图共同担任基金管理人，基金投资于具有自主核心先进技术的汽车及高端装备制造等相关产业。基金管理模式主要采取双 GP 管理模式，广东温度与珠海励图均为普通合伙人，其中珠海励图担任执行事务合伙人，负责基金的具体运作事宜。该基金专注于汽车及高端装备制造等相关产业领域，与公司现有业务存在比较显著的协同效应。

2018 年 6 月，广东盛图与深圳市华讯方舟基金管理有限公司、华讯方舟科技有限公司、广东金叶投资控股集团有限公司、深圳乐居智能家居有限公司合作共同投资设立产业基金，并申请湖北省省级股权投资引导基金及武汉经开产业投资基金。广东盛图本次参与设立的投资基金规模为 2.5 亿元，其中广东盛图使用自有资金出资不超过 4500 万元，出资规模占基金总规模的 18%，主要投资方向为高端制造行业，主要投资领域包括新能源汽车产业及其相关项目。基金名字为湖北华讯鸿图产业投资基金合伙企业（有限合伙）。华讯方舟的业务涉及车载应用，有共同的市场，与公司业务有协同作用。基金管理模式主要是华讯基金作为拟投资设立的基金管理人，广东盛图通过推荐投资决策委员会委员的方式参与本产业基金的投资决策。湖北省新能源汽车产量排名全国第 6 位，而武汉经开区是湖北省内汽车产业聚集度最高的区域，包括东风、吉利等著名企业都在此落户，已经建成新能源汽车生产和示范推广基地。武汉经开区已布局智能网联汽车，推动战略新兴产业在经开区落地，并已成为全国六个智能网联汽车示范区之一。该产业基金的设立，将是公司继柳州设立产业基金后，在国家又一主要汽车产业基地的基金落地，将进一步增强公司在华中区域的战略布局。

5.4　案例四　广东文投

5.4.1　机构简介

广东文投是广东省委宣传部发起的广东省文化产业的投融资平台，于 2011 年 8 月由南方报业传媒集团、南方广播影视传媒集团、广东中大科技创业投资管理有限公司联合创立，属国有控股的混合制企业，现旗下设有 4 家子公司。在创业投资方面，深耕文化 + 科技跨界融合产业，成为广东省文化产业投资的风向标。

经过 7 年的沉淀，广东文投设立了新媒体基金、影视基金、文化产业新三板基金、文化产业互联网创新基金、文化旅游产业基金、文化体育产业基金、文娱智能设备制造产业基金等十几只基金，先后投资了酷狗音乐、漫友文化、艾媒数聚、玩车教授、金评媒、玖的科技、莱德马业、乐奇足球、果辉足球、猪兼强、路客 locals、纽诺育儿、布塔趣玩、高航网、万特豪斯及熊猫传媒等 30 多个明星项目，部分项目已经实现 IPO 和挂牌新三板。

广东文投着力打造一个“资本加企业服务，加园区综合服务”生态圈。2015 年广东文投成立了广州地区最具活力的文化产业创新创业服务平台——广东文投创工场，运营面积超 10 万平方米。通过该平台搭建系统的创业服务体系，整合改造闲散的办公场地资源，对接相关的政策、资本、产业、人才等资源渠道，为创业企业提供了良好的创业环境和创业服务。文创工场也是股权投资平台，同时开展孵化器、园区服务、财税法律等企业服务。经过近三年的发展，“广东文投创工场”孵化服务企业近 1500 家，成为广东新兴孵化器标杆。

5.4.2 投资方向与特色优势

广东文投在设计之初定位为文化产业基金，专注于扶持广东省内文化产业，80% 的资金要求投向广东省内文化产业的企业。

2014 年广东文投与深圳市国富金源投资管理有限公司成立子公司——深圳市文投国富投资企业（有限合伙），基金通过社会化募集，投资中早期互联网项目。文投国富基金总共投资了 40 多个项目，投资的阶段涵盖早期到中后期项目，投向主要是文化产业，最近也投资教育产业和消费升级领域。投资区域主要集中在广东地区，以文化资源比较集中的广州、深圳地区为主。投资规模从数百万到数千万元不等，早期项目投资一两百万元，大的项目则投资两三千万元。单个投资的标准主要是原则上基金持有单个项目（公司）的股权比例不超过 50%，且不对单个项目（公司）控股。

广东文投对投资标的的选择标准，有一套相对成熟的方法。一看行业，分析它的竞争状况、市场容量、发展驱动力、政策等，选中了行业，还会细分很多赛道，就教育来说，分 K12、职业教育等，赛道里的项目也分不同的阶段，每个赛道都针对很多维度去考察目标客户、市场容量、政策。

二看企业的商业模式。拿教育来说，有线上模式，线下开店或者综合模式。三看企业的盈利模式。广东文投认为净利润非常重要，公司赚钱的路径一定要清晰可控。四看团队，公司的团队是否互补，过往从业经验或者经营业绩等。

广东文投看好未来的教育和消费升级领域。消费升级就是吃好住好玩好，多快好省，解决的品类更多、更快捷、品质更好。教育生命周期特别长，现金流很好，不太受宏观经济影响，中产阶级作为教育的受益者又特别舍得对孩子的教育投资。特别是线上教育，存在巨大机会。虽然教育重视互动，但目前线下会遇到一个很大的问题——扩张，师资的供给本来就是不足的，场地的扩张成本居高不下，规模没法扩张，像金瑞、名师、卓越，都是做区域性的教育，而线上教育是一个方案，线上教育的出现主要解决师资分配不均的问题，使得三四线城市也能够享受到一线城市的师资教育。目前广东文投投资了两家教育相关的项目，一家是纽诺育儿，做幼教托管的，另一家猪坚强是职业教育，并已经储备了很多赛道，比如K12、素质教育、编程教育、职业教育的项目。

广东文投的股东有南方报业与南方影视，因此，广东文投在媒体宣传公关方面具备其他机构所不具备的独特优势，例如南方报业和电视台、中国电影集团公司都是兄弟单位，所投的企业在媒体宣传这方面能够提供到比较好的帮助。

5.4.3 投后管理

广东文投的投后管理做的是深度服务，用管家式增值服务助力企业成长。广东文投投资的项目基本在广深地区，也是为了方便近距离提供投后管理服务。广东文投会定期派人走访企业，或邀请企业过来文投，公司会定期开展“家庭会”的活动，邀请所投的项目集中参与，看看相互之间是否有资源互补。针对企业的发展情况，广东文投会提供一些增值服务，如项目龙头的媒体宣传服务，帮做宣传、做推广、做危机公关。企业想融资的时候广东文投会为企业做融资，公司发展遇到问题，广东文投也会帮忙解决，给企业提供全程管家式的陪伴服务。

广东文投的投后管理与其他投资机构不一样，采用的机制是谁投资谁负责管理。投跟管不分离，利益捆绑，对企业实行终身制服务。广东文投的整个投资团队加上融资团队，才 10 人左右，投后压力比较大。经过广东文投投资的项目，有 80% 都能拿到下一轮融资。深度的投后管理服务也是广东文投在投资方面的优势之一，良好的投后管理服务，使得这些项目的股东又成为广东文投的 LP，在后续的募资方面也打下了好的基础。

5.4.4 经典案例

易改衣是广东文投于 2015 年进行投资的，投资额度为几百万元，那时企业还只有两三个人在黄埔区从事修改衣服的业务。

广东文投在投资以后，就开始做一系列的投资服务。跟企业探讨商业模式，陪伴企业对商业模式做了一些改变，协助再次融资的条款谈判。企业从三个人发展到现在一百多人的规模，营业收入从每个月几万元到每个月几百万元，还引入了三轮资本，拿了唯品会的数千万元投资，是小而美、快速发展的企业。

广东文投投资易改衣的原因主要有两个：第一，具有目标客户，客户都是高净值人群。修改衣服的客单价是五六百元，出口平均客单价单次七八百元，客户黏性高，可以延伸出高端定制。第二，属于传统行业升级，企业把传统的看起来很低端的裁缝业务进行了品牌的升级，在市场上属于空白，在市场看不起这个行业的时候做是非常有价值的。创始人基础非常好，一个是从网易出来，技术出身，具备互联网从业经验和广州本土推广的经验，另外一个是做传统的服装行业，两人有互补和结合，具备南方创始人低调务实的特性。公司的主要业务模式还是线下开店，集中在北上广深几个大城市，整套的服务体系和流程包括库存、改衣的进度和状态，客户跟公司之间的联系都通过互联网来实现。

5.5 案例五 广州启诚

5.5.1 机构简介

广州启诚成立于2013 年9 月，是由清控银杏创业投资管理（北京）有限公司（以下简称“清控银杏创投”）在广东省设立的专注于珠三角区域项目的专业创业投资管理机构。同年11月，广州启诚在番禺发起设立了首只基金——广东启程青年创业投资合伙企业（有限合伙）。基金规模为1.615亿元，国家科技部中小企业创新基金管理中心和广东省粤科金融集团出资参股，广州本地企业家踊跃参与。2016年9月，广州启诚成立第二只基金——广东银杏广博创业投资合伙企业（有限合伙），基金规模为3.37亿元，由政府引导基金和广东本地企业家出资参股。成立5年来，广州启诚团队多聚焦在投资中早期项目，截至2018年9月底，两只基金累计投资的创业企业为32家，投资领域涵盖医疗健康、芯片设计、新材料、产业互联网等。两只基金累计投资总额超过3亿元。

广州启诚的母公司是清控银杏创业投资管理（北京）有限公司（以下简称“清控银杏”），清控银杏自1999年开始从事早期科技投资业务，是国内最早专注于人民币早期投资的团队之一。团队先后创立了“清华科技园孵化器”“启迪创投”品牌，形成了一支高度稳定、经验丰富的合伙人队伍，以专业化和市场化的方式募集和管理了十余支创业投资基金，对近百家中小微企业进行了投资，打造了一批明星创业企业，形成了有明显清华文化特色的投资理念和团队文化，实现了优秀而稳定的基金收益，获得了包括政府引导基金、民营资本、金融机构等多类型出资人的认可和持续支持，为清华产业体系的发展做出了持续贡献。广州启诚传承了清控银杏的业务理念，专注于珠三角区域，坚守四大投资策略，取得了较好的投资业绩。

5.5.2　投资策略及投后管理体系

多年来，广州启诚团队做投资坚守四大投资策略：一是投资创新科技或拥有核心技术的企业；二是投资具有高附加值、高准入门槛的企业；三是所投企业具有创新且不易复制的商业模式；四是投资消费、技术处于新趋势的企业。

为了能够保证投资策略的执行及投资后管理工作的质量，广州启诚通过积极提供增值服务提升投资项目价值，实现投资权益的最大化。公司以项目为导向，建立了“专业投资团队+内部咨询团队+外部资源”的投资后管理组织模式。在项目实施投资之后，即成立由主要负责人和项目经理组成的投资后管理小组。具体投后管理内容包括：

（1）向被投资企业委派董监事、高级管理人员，以不同方式参与被投资企业的经营管理和重大决策。项目经理或外派董监事作为广州启诚委派产权代表，履行相关职责。

（2）项目负责人和公司领导定期走访企业，与被投资企业领导交流，了解企业发展状况，帮助企业解决问题。

（3）项目经理及时维护数据，按时完成项目跟踪报告、估值、重大事项等相关数据维护。

（4）项目经理协助投资管理部与企业建立联系，投资管理部指派专人对被投资企业的日常经营管理状况进行跟踪、监督，搜集相关的财务信息。

（5）投资管理部负责收集广州启诚投资企业工商变更之后的全套调档工商查询文件。

（6）开展增值服务，促进企业发展。利用基金管理机构的专业能力，向被投资企业提供全方位管理咨询，提高投资对象的战略规划能力、管理能力、资本运作能力，建立核心竞争力，提升投资对象的行业地位，减少投资风险，提升投资对象的价值。

5.5.3 经典案例

岱勒新材成立于 2009 年，是一家专业从事金刚石线研发、制造和服务的高新技术企业，主要产品为电镀金刚石线，产品广泛应用于太阳能、LED、半导体、精密光学仪器、国防军工等行业。广州启诚于 2012 年对此项目进行了投资，投资额度为人民币 1000 万元。此项目是启诚第一个投资额达到千万级别的项目，当初之所以决定投资该企业的主要原因是看中该企业以技术创新为先导，拥有雄厚的技术研发能力。其主导产品具有自主知识产权，也是国内第一家掌握金刚石线研发、生产技术并大规模投入生产的企业，在金刚石工具行业具有核心竞争力。

然而在经历几轮融资后，岱勒新材发展并非一帆风顺。在 2014 年全球光伏行业不景气的情况下，公司走到了分岔口，企业能否成功转型成为决定企业未来的重要因素。作为投资人，广州启诚一直积极地帮助企业寻找新方向，主动跟企业探讨新的商业模式，陪伴企业走过这段转型低谷期。最终，岱勒新材以敏锐的眼光和正确的战略将产品转战蓝宝石行业迎来了转型发展期，2014 年底主营业务收入超过 2.5 亿元，产能规模达到每月 7000 万米。到了 2015 年，随着光伏行业的持续复苏，良好的经营使岱勒新材产品市场需求量倍增，原有产能已经不能满足市场需求。岱勒新材建成年产 12 亿米的金刚石切割线生产基地，使企业产品能够迅速占领市场，成为真正的行业领导者。

经过一番历练后，广州启诚认为，岱勒新材或许可以在资本市场探索更大的价值，上市这条资本道路将会对岱勒新材现有业务的扩展和提升产生十分深远的战略意义。因此，2015 年底，广州启程鼓励岱勒新材冲刺创业板，并递交了 IPO 申请。2017 年 9 月 12 日岱勒新材在深圳证券交易所创业板成功上市，广州启诚终于迎来了收获的季节。

小　结

广东创投机构和创投市场结构分化明显，国有创投机构、头部创投企业和产业资本力量增强，呈现强者恒强的局面。

广东几家国有创投机构势头迅猛，粤科金融集团、深创投、越秀金控、广晟金控、广东恒健等机构管理资金规模较大，在募资、投资和提供增值服务方面均显示出了强劲的实力和水平。国有创投机构肩负着为广东经济发展培育新经济增长点的使命，承接和管理着国有资金和政府引导基金的国有创投机构必然有着更快速迅猛的发展。

已有良好发展基础的头部创投企业在募资和投资上也有较为明显的优势，仍能保持稳健增长。产业资本创立创投机构或者联合创投机构也越来越多，并在募资和退出上拥有自己独特的优势，在创投市场上发挥的力量也越来越强。

第6章　广东省创业投资项目案例

对于投资案例的选择，本报告尽可能选择全面，选择目前健康发展、预计未来有良好发展、市场空间较大的企业。从融资的阶段性来说，既有VC、PE阶段融资成功的，也有天使阶段融资成功的；从融资的难易程度来说，既有融资很顺利的，也有融资非常困难最终才遇到对口投资人的；从项目的挖掘渠道来看，既有被投资人发现的，也有专业财务顾问（FA）牵线的，还有通过中国创新创业大赛挖掘出来的。

综上所述，本报告挑选了广州尚品宅配家居股份有限公司（以下简称“尚品宅配”）、科顺防水科技股份有限公司（以下简称“科顺防水”）、广州纽诺育儿教育科技有限公司（以下简称“纽诺育儿”）、广东迈雷特股份有限公司（以下简称“迈雷特集团”）、广州有好戏网络科技有限公司（以下简称“有好戏科技”）五家公司。

6.1　案例一　尚品宅配

6.1.1　行业地位

尚品宅配主要从事全屋板式家具的个性化定制生产及销售、配套家居产品的销售，并向家居行业企业提供设计软件及信息化整体解决方案的设计、研发和技术服务，于2017年3月7日在深交所创业板上市（股票代码300616）。

在定制家居的细分领域，按收入规模来说，尚品宅配是排名行业第三的公司，2017年销售收入53.23亿元。排名第一的是欧派家居，2017年3月28

日在上交所主板上市（股票代码603833），2017年销售收入97.10亿元。排名第二的是索菲亚（股票代码002572），中国A股“衣柜上市第一股”，于2011年4月在深圳中小板上市，2017年销售收入规模61.62亿元。

虽然同样是定制家居业务，尚品宅配和欧派家居、索菲亚最大的不同是，公司是从软件行业跨界过来的。尚品宅配董事长李连柱从华南理工大学毕业之后创业成立了软件公司，后来跨越到定制家居领域。公司发展历程也不一样，当时家居定制集中在衣柜定制和橱柜定制，尚品宅配为了与竞争对手开展差异化竞争，第一个提出“全屋定制”的概念，可以定制除了橱柜和衣柜之外很多边边角角的柜子，主打细筒柜，从激烈的竞争中突围出来，也形成了尚品宅配的特色。尚品宅配从一开始就提出全屋定制，而欧派家居从橱柜开始、索菲亚从衣柜等单品开始，后来才转到全屋定制。

6.1.2 商业模式

尚品宅配为消费者提供个性化家具，以圆方软件的信息化技术、云计算、大数据应用为驱动，依托新居网的O2O互联网营销服务平台引流，佛山维尚大规模定制的柔性化生产工艺，实现了“尚品宅配”和“维意定制”两个终端销售品牌的全屋板式家具定制个性化设计、规模化生产的“C2B + O2O”商业模式。

尚品宅配的商业模式有自己的特色。因为商品宅配是从软件跨界过来的，所以互联网公司思维的成分多一些，不会像传统的家具企业特别在意生产端的成本控制，尚品宅配在项目的研究创新方面很舍得投入，每年的研发费用占比都在3.5%以上，2017年研发费用接近2亿元。公司从设计、生产到营销，处处显露互联网企业的优势。

在设计方面，通过云设计和大数据技术，公司在销售设计端能够快速实现消费者的个性化设计需求。经过十多年对不同区域的上万个楼盘、数十万个房型的数据积累，以及多年生产销售积累的数字化定制家具产品和配套家居产品3D模型，公司建立了庞大的“房型”数据库和参数化“产品库”，应用虚拟设计系统，形成海量的“空间解决方案库”。基于图形图像的房型搜索和云匹配技术，通过与客户的互动沟通，设计师能够快速从空间解决方案库搜索到匹配的设计方案，并融入客户的个性化需求，经过再设计得出客户满意的个性化空间解决方案，实现了消费者自主设计家具的消费体验，使家具消费由过去的客户被动选择模式转变为以客户需求为导向、主动参与设计的 C2B 商业模式，促进了家具行业由传统的制造业向现代服务业转型。

在生产方面，通过信息化与工业化的深度融合，践行智能化制造思维模式，公司在家具生产领域实现了全屋板式家具大规模定制的生产模式。公司运用自主设计的软件及信息化技术对数控设备进行技术升级改造，通过虚拟制造技术、订单处理中心对订单进行审核、拆单、排产，将一定数量同类板材的订单合并成一个加工批次并形成加工、分拣、分包、入库等指令，按照批次而不是按照订单组织生产，使公司实现了大规模定制的柔性化生产工艺，解决了定制家具个性化与规模化生产矛盾的难题。

在营销方面，公司采取实体连锁经营模式和线上线下相结合的 O2O 营销模式，实现了快速发展。O2O 销售模式也是尚品宅配的特色，公司是定制家居行业内第一个采取 O2O 销售模式的，已经做了 10 年以上，是定制家具行业内 O2O 做得最大的。尚品宅配的直营店收入有 60% 以上都是靠 O2O 引流过来的，加盟店有 20% 以上收入是 O2O 引流创造的。公司在行业内创新推出 O 店模式，门店开在写字楼里面，配合 O2O 模式将广州的流量导入该店。这样 O 店就不需要靠自然人流来提高销量，写字楼租金也可以节省经营成本。随着近几年传统卖场的人流正在逐渐下降，但购物中心的人流正在不断上涨的趋势出现，公司 2014 年率先推行进驻购物中心店模式。公司不仅进驻购物中心设立直营店，同时还主动推动加盟商向购物中心转移，寻找并抢占流量入口，匹配公司较强的流量变现能力，大幅提升了公司核心竞争力及可持续发展能力。依靠十多年积累的互联网运营经验和信息技术优势，公司建立并成功运营 O2O 网络营销平台，进一步加快“尚品宅配”“维意定制”两大品牌的快速传播和推动品牌价值的提升。实体店与网店相结合的营销模式使公司报告期内实现了业绩的快速增长。随着移动互联网的爆发式增长，新居网移动端流量导入快速增长，已经超越了 PC 端流量导入，成功从 PC 互联网企业转型成移动互联网企业。

6.1.3 危难之时引入达晨资本

尚品宅配在引入资本之前，尚未弄清楚自己的商业模式。公司早在 1999～2000 年互联网浪潮兴起的时候就接触风险投资，那时候软件公司（名字为72家.com）已经运作了五六年，当时融资的风口稍纵即逝，当初答应投1亿元的投资人，后来没有投。公司痛定思痛之后决定自主发展，在2004年开始做尚品宅配定制家具，刚开始只是做一个试验品来辅助公司的软件业务，没想到后来越做越大。到2007~2008年的时候，公司的家居定制和互联网板块都缺少资金，公司想以互联网概念去融资，还找了一家深度服务的财务顾问机构，谈了两年的投资人，把国内所有投资人都谈遍了，包括不少美元基金，不少机构还作了详细的尽职调查。到后来财务顾问机构在帮公司进行深度接触与提供服务的过程中，逐步帮助公司梳理出商业模式和亮点，将两家公司整体打包，主线变成家具，软件互联网成为家具产业不可分割的一部分，彻底将互联网主线变成家具主线，以尚品宅配为主，商业模式逐渐清晰。但是2008年经济大环境不好，还碰上金融危机，投资人都很谨慎，谈了整整两年都没人投资。

达晨创投是在2009年初谈成的，作了很详细的尽职调查和仔细的估值谈判，2009年8月正式签约。签约后公司于2009年底进行了重组，以尚品宅配为母公司，吸收合并其他的公司。合并的时候整个集团的真实盈利不到1000万元，规模不大。达晨创投投资了6000万元，占了公司30%的股份，当时估值1.8亿元。可以说在尚品宅配现金流最紧张的关键时刻达晨创投帮助了公司。而且达晨创投主要是以财务投资人身份进入公司做股东，对公司有很强的信任感，没有派人过来监督企业，管理上也不插手，只保留了两个董事席位，平时不插手日常运营，可以放手让企业自己干。

6.1.4　引入资本后乘势腾飞

尚品宅配融资后经历了整个家居行业的黄金10年，公司也充分享受到行业红利。随着我国中等收入群体的数量急剧增加，人们更喜欢在居家生活中加入更多自主的创意与特色，这使得人们对全屋定制家具的需求呈现上升趋势。80后、90后适婚人群逐渐成为消费主力，对家居环境的自主设计意识日益增强，定制家具因兼顾了实用性与空间利用率，又能充分展现出消费者对个性、时尚、舒适的追求，从而走俏家具消费市场。近年来定制家具行业开始步入快速成长的发展阶段，每年以30%~50%的速度递增。尚品宅配成为我国定制家具行业内率先实现了全屋家具定制的代表企业之一。

融资后，尚品宅配每年以超过30%以上的速度成长，再加上第一家投资人达晨入股后已经稀释股份较多，公司已经没有空间及需求再稀释，加上自有资金比较充足，公司一直没有融资需求。融资后主要是扩张产能和弥补异地机构亏损。2017 年尚品宅配 IPO 融资了 14.67 亿元，占发行后总股本的 25%，主要用于智能制造生产线建设、营销网络建设、互联网营销 O2O 推广、家居电商华南配套中心建设项目。目前尚品宅配侧重内生性增长，同时也在考虑采用资本运作譬如并购等方式来将公司做大做强，公司目标上，尚品宅配希望能在未来成为行业第一。

6.2 案例二 科顺防水

6.2.1 公司简介

科顺防水成立于 1996 年，总部设在广东顺德，是一家集建筑防水材料研发、制造、销售、技术服务和防水工程施工于一体的高新技术企业。目前，科顺防水是中国建筑防水协会副会长单位，是行业协会认定的建筑防水行业领军企业及行业综合实力前三名，连续 7 年入选“房地产 500 强首选防水材料品牌”。

公司目前拥有八座生产及研发基地，分别于广东高明、江苏昆山、江苏南通等地；旗下拥有包括深圳市科顺防水工程有限公司、广东依来德建材有限公司等 12 家全资子公司，并在全国设立 8 家销售分公司和 23 个办事处，拥有 600 多家经销及服务网点。此外，公司拥有专业应用技术人员近 150 人、工程管理人员 200 余人。

公司现有工程防水品牌“CKS 科顺”，民用建材品牌“ELOKT 依来德”，堵漏维修品牌“ZT 筑通”及金属屋面防护品牌“PLADEN 铂盾”。产品涵盖防水卷材及防水涂料两大类 100 多个品种，为客户提供“一站式”建筑防水解决方案。

科顺的防水产品及解决方案广泛应用于多个国家与城市标志性建筑、市政工程、交通轨道工程、住宅商业地产及特种工程等领域。与此同时，公司已经先后与碧桂园、恒大、华夏幸福、万达、保利置业、绿地等超过 100 家知名房企签订战略合作协议。

6.2.2　行业现状

（1）建筑防水材料市场需求巨大。建筑防水材料是建筑功能材料的重要组成部分。在建筑施工中，防水材料会在建筑物的表面形成整体防水层，从而使建筑获得防水或增强抗渗漏的功能。因此，其质量和应用效果将直接关系到建筑工程的结构效果和使用寿命。目前，我国防水行业正处于一个落后产能过剩、产业集中度低、市场竞争不规范的不成熟阶段，呈现“大行业、小企业”的局面。中国建筑防水协会统计，2017 年行业内销售收入两千万元以上规模企业 598 家，行业前 10 名企业市场占有率不足 15%；防水龙头企业（东方雨虹 + 科顺防水）营收在防水行业规模以上企业营收占比并不高，2017 年仅为 11.6%。目前，拥有生产许可证的防水材料生产企业约 1500 家，无证生产企业数量庞大。

（2）“大行业、小企业”的市场竞争格局。当前我国建筑防水材料行业的竞争格局呈现如下特点：一是小作坊生产企业和中小企业众多。某些小企业会抓住建筑防水材料品种多且产品质量无法在短时间获得验证的特点，通过低价竞争的形式打入市场。二是优势企业快速成长，引领行业发展趋势。资本市场已形成建筑防水板块，如中小板的东方雨虹，创业板的科顺防水、凯伦股份，新三板挂牌的德生防水、天人节能等。从收入规模来看，东方雨虹和科顺防水已经在业内处于领先地位，东方雨虹 2017 年的收入达到 100 亿元，而科顺防水在 2017 年的收入也已超过 20 亿元。三是部分有实力的跨国建筑防水材料企业正进入我国建筑防水市场。瑞士渗耐有限公司、法国索普瑞玛集团等凭借强大的企业规模与综合实力、领先的研究开发能力及生产技术优势，迅速在国内建立了一套完善的市场销售体系。这些跨国企业对我国的本土企业造成了一定的影响，使国内部分企业面临被并购或淘汰的风险。

（3）行业发展机会。首先是行业发展的潜力巨大。在发达国家，例如美国和德国，防水造价一般会占到建筑总造价的 10% 左右，而这一比例在中国仅为 1% ~2%，建筑防水材料行业还有很大的上升空间。其次是人们对于防水需求的提升。在消费全面升级的市场环境下，人们对于建筑的防水、保温隔热等内在性能有了更高的要求，这种消费意识的转变无疑对防水行业产生很强的带动作用。最后是来自政策方面的推动。目前国内防水材料市场行业水平参差不齐，随着国家对防水材料使用标准的制定以及对质量监督和环保要求的趋严，一大批落后的、不符合市场规范的产品将被淘汰，这将为防水行业的正规龙头企业以及企业整体的健康发展带来很好的推进作用。

6.2.3 核心优势

经过十多年的经营和发展，科顺防水已经在国内防水材料行业中占据领先地位，拥有相当比重的市场份额，综合实力在国内排名前三。相较于业内其他企业，科顺防水具备以下核心优势：

（1）产品体系完整。目前，科顺防水所生产的产品已经覆盖防水卷材、防水涂料两大类100多个品种的产品，形成了较为完善的产品体系，足以为下游客户提供“一站式”的防水服务。

（2）客户资源优势。科顺防水是恒大、万达、碧桂园等知名房企的重要供应商；同时，与中国建筑、中国中铁、中国铁建等大型建筑行业都有良好的合作关系，在高铁、地下管廊、机场、地铁等领域拥有丰富的客户资源。在经销渠道方面，科顺防水也拥有多家年销售收入在千万元以上、合作时间十年以上的经销商。

（3）渠道优势。科顺防水目前有三大品牌，分别对应建筑市场、家装市场、维修堵漏市场，并采用公司直销和经销商分销相结合的模式，在北京、上海、广州、深圳、南宁、重庆和天津建立了分公司，同时在全国29个省与近600家经销商维持着长期稳定的合作关系。

（4）人才与管理优势。在企业管理方面，科顺防水较早便引入了职业管理团队，核心骨干来自陶氏化学、华润涂料、西蒙电气等知名企业，在各行业领域中拥有丰富经验。此外，科顺防水从建立至今已经开展了数次的员工股权激励计划，以加强核心员工对企业的认同感和忠诚度，形成了一支成员稳定、凝聚力强的管理团队。

（5）企业发展目标明确。20多年来，科顺防水一直专注于建筑防水材料市场，专业技术过硬，产品销量良好，公司净利润一直保持较快的发展势头。同时，科顺防水一直强调资本运营，很早就确立了上市的目标。途中虽然受到一些外部环境的干扰，但仍于2018年顺利登陆创业板。

6.2.4 融资发展

科顺防水早在2009年就萌生了进入资本市场的念头，并于2012年启动上市。然而它的上市之路并不平坦，不久之后便遇到了A股IPO暂停的消息。科顺防水只好借着这一段时间规范企业内部管理，重新搭建组织架构。

2014年，科顺防水首次引进外部投资。当时企业发展正好遭遇瓶颈，需要资金建设华南生产基地。当地政府投资基金在此时伸出橄榄枝，分两次投资1亿元，帮助科顺防水渡过难关。

2015年10月，科顺防水顺利在新三板挂牌。借助新三板平台，科顺防水接触到了瀚晖投资管理公司，并在瀚晖的帮助下进一步接触到了粤科金融集团等投资公司，很快便获得了4.4亿元的融资，进一步加速了山东、江苏、重庆三大生产基地的建设，并为企业最终在2018年1月上市作最后的准备。

具体如图6-1所示。

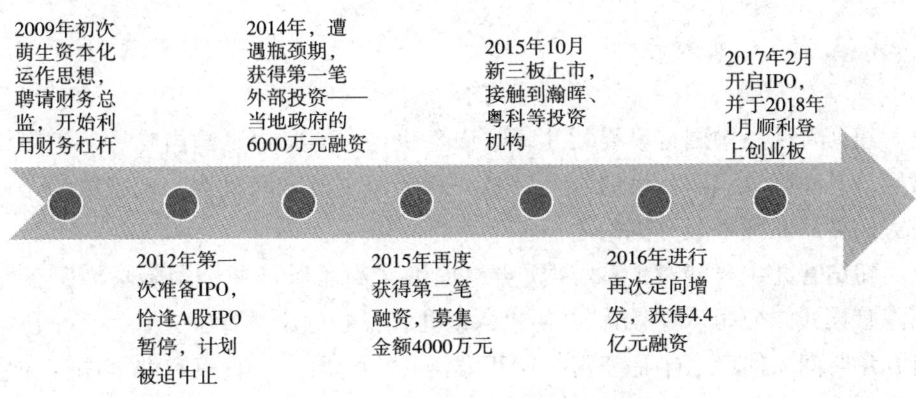

图6-1 科顺防水的资本发展大事记

通过这一系列的风险投资注入，公司合理地利用募集到的新资金，投入到了新的生产基地和研发中心建设，从而不断地扩大产能，优化了全国的产能布局，提升了产品研发实力。在这一过程中，公司大大地提升了自身在行业中的地位，提高了公司的经济效益和盈利能力。除了很好地发挥风险投资的效益，在做大做强公司的主营业务的同时，公司仍积极稳妥地进行收购兼并，以快速增加产能，从而发挥规模效益、提高市场占有率。

6.2.5 小结

一个企业的发展和壮大，离不开优秀的产品和客户资源。但在这个过程中也经常会遇到人才流失、现金短缺、产能不足等问题。股权激励、财务杠杆、IPO 等金融手段无疑是解决这些问题的有效手段。科顺防水便是金融助力实业发展的一个成功案例，金融手段不仅帮它度过了发展的瓶颈期，也为它打开市场创造了空间。而更难能可贵的是，科顺防水虽然重视金融市场，却不过分依赖融资，将工作重心放在实业的发展，自身的产品和竞争优势从而得以维持。

6.3 案例三 纽诺育儿

6.3.1 创业起源

纽诺育儿是中国首家婴幼儿睡眠服务机构，同时也是国内唯一一家专注做婴幼儿睡眠顾问职业培训以及一对一睡眠解决方案的机构，现已成为全球较大的婴幼儿睡眠服务机构之一。

纽诺育儿主要针对 1 ~ 3 岁宝宝，提供“高品质日托 + 国际早教”的全新托管模式。公司 2009 年就开始进入幼儿日托和健康教育服务了，至今已经有九年时间。前面七年是公司早期积累的一个阶段，一直只有两家园区在发展，仔细雕琢产品和打磨商业模式。

创业之前，公司创始人王荣辉女士在外企从事人力资源管理工作十余年，当时进入这个领域是因为她自己家中没有人帮忙带孩子，找保姆的过程中又发现各种问题，边上班边带孩子又面临各种麻烦，最后不得不选择离开职场，故特别能理解职场妈妈。王女士在国外学习早期教育专业的领域时，得知国外在幼教托管领域的管理模式非常成熟，认为国内幼教园也应该大有前途。

公司从 2013 年开始从事早教托管，当时国家还没有鼓励政策，行业内所有公司都不知道怎么做，都是停留在一两家园区的规模，只能靠自己一点点摸索，从产品到师资培训，到团队管理，形成了明确的分工体系，如在产品的专业度把关上，王荣辉女士负责教学管理板块、培训能力提升、资源整合、财务等，另外一个搭档专做营销板块，负责招生设计。公司管理体系的不断完善，为融资后快速扩张打下了坚实的基础。

6.3.2　商业模式

在幼教产业领域，有系统化管理思维的机构凤毛麟角。作为提供1~3岁婴幼儿日托和健康教育服务直营连锁的公司，最重要的是有一套严谨的管理体系。幼儿托管行业不是暴利行业，风险很大，怎么规避风险，提高安全和产品质量，需要一套系统化的管理体系。这些要向外企的质量管理看齐。纽诺育儿设计的课程是早教课程，主要通过游戏来让孩子们学习，对老师上课的要求就高很多，对教具的要求也要高很多，教学要配置的更多，消毒要求可能也要做得更严格。

纽诺育儿这么多年一直没有出过安全事故，虽然公司购买了保险，却从来没找保险公司理赔过，顶多就是出现孩子在游戏过程中被其他孩子咬了等小问题，从来没有发生过虐童事件，这主要是因为公司有比较完整的运营管理体系。公司的运营管理体系，包括操作标准、检查系统和持续改进体系等。操作标准包括上课内容、活动内容，细化到老师怎么样跟孩子沟通，怎么样带孩子去洗手间等。标准化的程度越高，质量就越有保证，公司要坚决鼓励员工应当做什么，绝对禁止做什么，规定员工违反公司规定后的处罚条款等；比如说规定大声训斥孩子会被处罚，训斥孩子三次就会开除，所以根本不会有员工打孩子的情况出现。公司有不同级别的检查系统：有监控；有助理会每天来检查，每天出检查报告；有督导到园区去现场检查，出报告；有家长参与园区检查。公司拥有持续改善的体系，所有的评估报告都会送达品质管理负责的部门，最终送达创始人王荣辉女士，督促改善；所有检查后续都会有改善计划、改善时间表和责任人，改善结束再接受检查。

纽诺育儿一整套管理体系还包括招聘人才的标准、薪酬、上岗前的培训、人才未来的发展路径等。有的岗位需要有资格证，认证以后才能有机会上岗。公司的老师54%是大专学历，46%的老师是本科学历，优秀员工有培养潜力的在一段时间培养后可以做园长。一个园大概需要25名员工，平均每个员工看护4~5名孩子。员工全部由总部招聘并培训，其中，70%的员工都是有经验的，30%的员工是应届毕业生。

纽诺育儿的运营管理体系较为完善，能规避众多风险。风险并不是简单装个监控就能避免的，有监控事故可能照样发生。关键是整个管理体系都要发挥作用，公司怎么用人、培养人、留人，操作标准是什么，怎么持续改进，虽然不可能做到完美，但是要有持续改进的机制。公司从制度上来保证客户的安全和公司的持续运营，也成为纽诺育儿特有的商业模式。

6.3.3 借助资本迅速突围

纽诺育儿的发展分了三个阶段。第一阶段是 2009 ~ 2014 年，即专业产品的开发阶段。第二阶段是 2015 ~ 2016 年，即公司打磨运营、组建团队阶段。第三阶段是 2016 年底拿到第一笔融资至今，借助资本的力量快速扩张的阶段。

公司融资之前，行业中还没有连锁园出现，都是单体园，最多一两家园区，都是小型的，行业中所有公司都差不多，没有特别大的区别。

随着市场需求的日益增加，再加上政府政策鼓励，公司开始接触投资人。2016 年底纽诺育儿拿到了第一笔天使投资，省文化产业基金和华南理工大学天使基金学院崔毅教授投资了 700 万元，占 10% 股权，公司估值 7000 万元。刚融资的时候公司只有两家园区，营业收入大概 1000 万元左右，净利润还不错，单店超过了 30% 的净利润。因为公司管理严谨，在消费者中的口碑很不错，市场营销费用很低。公司第二轮投资启动是在 2017 年 8 月，A 轮融资安赐资本进来了。现在 B 轮也差不多结束了。到目前为止总共稀释了差不多 20% 的股份，获取了公司快速发展需要的资金。

当时投资公司选择纽诺育儿的原因有以下四点：第一，公司做的业务是市场刚需，市场规模巨大；第二，国家政策也在鼓励发展幼儿和学前教育；第三，公司在广州的口碑做得非常好，拥有有竞争力的服务产品，天使投资的投资方中有一个机构的合伙人就是园区小朋友的家长推荐的；第四，公司具有良好的现金流。一个幼教园区建筑面积大概就是 600 ~ 800 平方米的规模，容纳 100 ~ 120 个学生，投资规模不到 200 万元，主要是装修、租赁押金和前期的市场费用。公司基本不需要流动资金，公司按每月 4000 ~ 6000 元的费用向家长收费，这样就有现金流了。

纽诺育儿融资时，对投资人的选择标准是要懂教育产业，投过一些教育产品的项目，拥有一些产业资源对接公司的业务。天使轮的投资方是省文化产业基金和崔毅老师的毅聪创业投资基金，都符合公司的融资选择条件。省文投有政府背景，投过很多教育行业的企业，崔毅教授本来就是在大学从事教育工作的，对教育非常理解。A 轮进入的安赐资本，曾帮助上市公司威创股份做过幼教产业的并购，打造了幼教上市第一股，对幼教领域有较深研究。关于投资人的对赌条件，公司不接受。想让公司求快发展、赶紧下一轮套现的投资人、干涉管理的投资人、下一轮融资必须经他同意的投资人，公司都不接受。教育本来就是一个缓慢发展的产业，不管是管理还是品牌的沉淀，都需要时间，公司坚持选择能接受公司稳健发展的投资人。

纽诺育儿充分享受了资本带来的好处。公司拿到资本以后，2017 年、2018 年这两年公司快速发展，公司的估值也迅速增长。有了资金，公司主要投入到运营、人才储备和培养、管理系统升级和品牌打造、开园需要的流动资金。公司目前发展到 25 个园区，分布在广州、深圳、佛山等地。从融资之前的 2 家（分别在顺德、番禺）到现在的 25 家只用了不到 20 个月的时间，主要是依靠强大的资本力量帮助公司成为 0 ~3 岁托管幼教领域全国最大的机构，全部在读的学生有 1700 人左右。

公司未来的经营计划是进军三线城市，资本计划是上市，成为幼教行业的第一家上市公司。

6.4 案例四 迈雷特集团

6.4.1 公司简介

迈雷特集团成立于 2012 年 11 月，是一家集工业自动化控制装备的研发、生产、销售、服务于一体的国家级高新技术企业。其主营业务涵盖了高端数控系统、多轴联动智能装备及工业自动化控制方案等。迈雷特集团在发展过程中一直强调工业的进步与创新，曾多次在广东省和全国创新创业大赛中获奖。2016 年，迈雷特集团成为中山市重点引进创新创业团队和重点支持企业，总部入驻中山市国家高新火炬开发区。集团目前拥有一支专注于工业自动化研发和创新的高素质、高水平、专家型的科研团队，并在高端数控操作软、硬件技术的多个领域都已经取得了突破性的成果，获得了 90 多项发明及实用新型专利，形成了一系列具有自主知识产权和核心竞争力的产品，广泛应用于航空航天、汽车制造、五金加工、饲料模具、生物质能源等多个领域。

6.4.2 行业现状

随着第四次工业革命浪潮的到来，智能制造之风也正在全球范围内迅速兴起，美国、德国、日本等主要工业化国家早已经将发展智能制造作为国家重要的战略目标。我国智能制造行业的起步较晚，但最近几年，政府和企业对智能制造的关注度正在不断提升。2015 年 5 月国务院印发了《中国制造2025》，明确提出将智能制造作为我国建设制造强国的主攻方向，并要在新一代信息技术产业、高档数控机床和机器人、航空航天设备等十大领域进行智能制造的重点建设。

数控机床是实现智能制造的基础，在现代装备制造业中具有相当重要的战略地位。近年来，在国家政策及制造业技术升级等大环境的推动下，机床行业发展迅速，行业规模不断扩大、产品质量也不断上升。从 2002 年起，我国就成为世界机床第一大消费市场。2017 年，我国数控机床市场的产值规模已经达到 2120 亿元，同比增长 13.4%。未来，得益于国防安全、航空航天、工程器械等装备制造行业需求量的增加，机床行业仍将有较大的发展空间。

然而，我国机床行业整体处于“大而不强”的状态。从当前国产的机床体系来看，我国生产的机床大多以中低端的经济型数控机床为主，产品缺少差异性，技术要求不高，在市场上缺乏竞争力。尤其是高端数控机床市场，主要还是由来自美国、德国和日本的企业占据，我国机床企业相比这些外企仍有较大的差距，这使得大量的高档数控机床产品仍需要依赖进口。虽然目前业内有许多龙头企业已经开始转型升级，着手研发高端智能机床，但面临巨大的技术难题，以及日益激烈的国际竞争，新产品能否在高端市场中具有良好的表现，仍需等待时间的检验。此外，在当前去产能、去杠杆的产业背景下，越来越多的机床企业出现了融资困难、效益低下的问题，财务状况不容乐观，加上一些庞大的历史包袱，使得企业的运营压力不断增大，一些上市公司甚至陷入连续亏损的险局当中。因此，我们在反思我国机床行业该如何提升技术、打开市场的同时，也应该对它们该如何进行管理体制创新、资产业务重组进行思考。

6.4.3 核心优势

迈雷特集团从2012年初创至2016年成为中山市重点引进创新创业团队和重点支持企业，发展势头十分迅猛。公司的核心优势有以下三点。

第一，公司掌握关键核心技术。迈雷特集团是一家以自主研发的工业安卓智控系统为核心的高新技术企业，从成立之初就将自己定位为技术型初创企业，并一直坚持创新，在许多关键共性技术领域都取得了突破性成果，承担多项省级科技项目，拥有近90项知识产权。公司掌握关键核心技术，使公司避免出现和许多低端机床企业同质化竞争的局面。同时，公司实现了产业上游的研发、生产到产业下游的销售及售后服务的一体化，使其可以从制造产业链的上下游中获取更大的利润。

第二，公司具有先进的企业经营理念。迈雷特集团的领导层对目前机床市场的情况有十分深刻的见解，面对目前国内数控机床企业供需的矛盾，公司充分发挥民营中小企业灵活的特点，为客户提供柔性、定制化的产品，例如其目前主打的智控系统便拥有4大硬件平台和27款定制化系统，可以为不同行业定制成套解决方案，满足各类市场的需求。另外，公司还针对传统机床企业发展的弊端，提出了机床设备和控制系统两手抓，双轮驱动的发展模式，倡导“硬件搭建平台，软件定义世界，数据驱动未来”的创新理念，令企业的发展更符合时代的要求和未来的趋势。

第三，公司专注于企业的成长。制造业是一个厚积薄发的产业，迈雷特集团的领导团队明白这个道理，一直都是以谨慎的态度对待融资，认为只有在最需要的时候才能进行融资。虽然迈雷特集团成立后，发展资金便是来自风险投资，但他们并没有在获得投资后就开始盲目扩张，而是将资金集中在产品的研发和推广上，努力提升自身的价值。在获得了一定的成绩后，公司也没有过度地接触其他风投机构，更多的还是依靠银行贷款等相对安全的融资渠道，使得企业能稳步按照企业既定的蓝图发展，而不受金融市场的干扰。

6.4.4 融资发展

2013年，迈雷特集团团队参加中国创新创业大赛（广东赛区）暨“珠江天使杯”科技创新创业大赛，获大赛一等奖，并于次年得到广东省粤科金融集团 500 万元的天使轮投资。

获得粤科金融集团 500 万元的注资，这对于一个才成立且尚未有营收的企业来说无疑产生了巨大的影响。这些影响至少体现在两个方面。一方面，获得风投机构的肯定，使得迈雷特集团的创业团队坚定了进入市场的信心，同时也让企业有了足够的流动资金可以着手于产品的研发和推广，帮助企业实现“从无到有”的突破。另一方面，资金的注入也极大地增加了企业的影响力。目前许多地方政府在招商引资的过程中，都比较重视那些获得风投机构投资的企业。风投机构这时都会为被投资企业扮演背书的角色，为企业增添了曝光率和可靠度，使其更容易获得政府和其他投资机构的青睐。与此同时，我们也应该看到，迈雷特集团的成功除了得益于风险投资外，其自身专注于实体发展的理念也是十分重要的。资本往往都具有逐利的性质，当企业发展目标与投资机构相左时，企业应坚持自己的方向，而不是盲目地拥抱资本。迈雷特集团立足行业，稳扎稳打，没有被资本冲昏头脑，而是利用资本不断扩大研发，提升自身的核心竞争力，树立了一个资本促进科技创新、推动实业发展的好样板。

6.5 案例五 有好戏科技

6.5.1 公司简介

有好戏科技于 2015 年 10 月 13 日在广州市越秀区工商行政管理局登记成立。公司以“毒舌电影”这个品牌，在互联网的综合平台（如微信、微博、QQ、各大新闻客户端、各大视频平台）上都获得影视细分领域第一的殊荣。此外，公司还曾代表广州市的企业参加 2017 年第六届中国创新创业大赛，接连获得广州赛区互联网与移动互联网行业成长组第三名、广东赛区一等奖、国赛三等奖。同时也是广州市唯一晋级国赛互联网及移动互联网行业成长组的企业。

毒舌电影是通过在各大媒体平台及自有 App 分发原创内容的形式，为国内外用户提供电影影视娱乐相关丰富的专业知识。目前在“毒舌电影” App、微信矩阵公众号及小程序、微博、QQ、UC 头条、今日头条等各大自媒体平台用户数已超过2200万。“毒舌电影”通过3年的时间成长为国内最大电影自媒体平台，已经受到全球顶级的影视娱乐机构及导演的强烈关注，频频受邀独家出席活动。

公司拥有12项软件著作权以及拥有7个类别43项注册商标，并于2017年12月成为国家高新技术企业。其中手机软件App“毒舌电影”及多个小程序，已于IOS、安卓各大应用市场及微信上线；视频月播放量已破2000万。目前，公司携这股高速成长的流量正在往App、视频、影视衍生品及关联品电商、影视投资发行等方向发展，前景十分广阔。

6.5.2 行业现状

近年来，由于用户对信息的需求开始呈现内容专业化、形式多元化的趋势，垂直内容领域和新兴内容发布平台开始不断崛起，和当今主流的媒体平台形成共生的发展关系。例如互联网巨头腾讯就在依托其自身分发渠道的基础上，投资了快手、斗鱼、知乎和千聊等不同形式和领域的自媒体平台，以争夺优质内容。

另外，作为资本市场高度关注的行业，资本的走向对于自媒体的影响也十分重要。而目前的资本市场主要呈现出两大趋势。首先，从资本市场的态度上看，投资者开始趋向“冷静、慎投”。虽然投资金额仍在逐年递增，但投资对象却更青睐成熟的资本化的自媒体团队，且融资的持续性也有所加强，“马太效应”越发明显。根据数据显示，有75%的金额都是被行业头部的自媒体获得。另外，对投资的内容而言，短视频则成为资本市场的“新宠”，仅在2017年，获得融资的短视频平台就有8家，其中快手更是获得了3.5亿美元的融资，日日煮、二更、一条等也都获得了1亿元人民币以上的融资。

自媒体的获利模式也备受关注。如今的自媒体已经从最早单纯的广告变现，逐渐发展出电商、知识付费等新型的销售渠道。网红利用淘宝店进行销售，阿里巴巴布局淘宝头条、爱逛街等平台，都是“电商+自媒体”盈利模式的尝试。同时，知乎、喜马拉雅、樊登读书会等内容付费型自媒体的涌现，也为知识经济带来了不同形式的产品，吸引着用户的眼球。在这种知识付费风潮的引领下，也有越来越多的公众开始愿意为好内容埋单。这些多元化的盈利模式为未来自媒体行业的发展带来了更多的可能。

6.5.3 核心优势

近几年影评类的自媒体很多，为何毒舌电影能够脱颖而出，且一直遥遥引领着行业的发展，在经过对企业的采访以及对自媒体行业的研究，我们总结出以下三点。

（1）在自媒体行业中拥有灵敏的嗅觉，具有行业前瞻性。有好戏科技创始人何君及其团队在自媒体行业摸爬滚打十多年，何君先后任职《东方早报》娱乐部主任、网易娱乐主编、3G 门户娱乐部 + 风尚部总监，从纸媒到网媒再到现在的自媒体，可以说是把所有媒体做了个遍。毒舌电影这个品牌之所以能在 2016 年一炮而红，也要归根于创始人对行业的灵敏度，每次都能紧紧地抓住行业的风口。

团队由刚成立的 3 人到现在的 100 多人，团队成员在互联网和娱乐圈都具有丰富的资源和经验，这些将助力他们不断地进行自我创新。首先，公司在成立的短短两年内借由着互联网的热潮迅速地打造了“毒 sir”“表妹”“机叔”等 IP 矩阵。除了微信，公司还会在微博、爱奇艺、腾讯视频、新闻客户端等不同的资讯平台建立账号矩阵。其次，公司在 2017 年也紧跟互联网的潮流建设了自己专属的 App——毒舌影视。最后，在小程序爆发的当下，也相应地开发了毒舌 pro、好片院线、毒 sir 放映室、毒舌影评等多个微信小程序。经由不同类型不同渠道的平台进行内容的分发合作，最大限度发挥内容的影响力，总是先别人一步做最流行、最打动群众的媒体资讯。

（2）拥有专业的影评专家，并拥有一批忠实的客户群体。“毒舌影视”一开始就以内容为切入口，进入电影产业，“干掉烂片，只说真话”为毒舌电影的标语。公众号“sir 电影”栏目上有好片推荐、烂片预警、电影解读、榜单推荐等。作为内容创业，拥有高质量的内容是稳定这批黏性客户的基石，毒舌电影的另一位合伙人陈植树雄在这块儿就付出了大量的精力。作为毒舌电影的首席内容官，要保证有一个持续稳定的内容产能，每一篇文章，公司的编辑助理需要花两天的时间来写作，要写一个电影的影评，几乎就需要将这个导演的全部作品都看一遍，从而也造就了编辑团队对电影影评的责任及感情。

毒舌电影的粉丝大多数是一二线城市的高学历人群，观影的频率基本为一个星期一部电影。毒舌电影打造的每个 IP 都拥有高达 100 万的粉丝流量。

“Sir 电影”曾经做过“ 24 小时”影院活动，挑选了 8 部电影，粉丝可以随时进场观看，前后到达了 2000 多人，这一系列线上及线下活动促使毒舌造就了一批黏性影迷，大大增加了产品在客户心中的影响力及号召力。

（3）拥有一支效率非常高的团队，进行蜂巢式管理。有好戏科技目前团队人数有 100 人，进行统一的蜂巢模式新型管理。团队成员基本上是从平面媒体到门户，再到移动互联网，到最后的社交媒体，都拥有丰富的行业经验，所以更擅长去了解用户的需求，知道他们真正感兴趣的内容是什么。同时，为了确保文章的质量、内容的输出，公司分成多个小分队，遵循“垂直领导、直线管理、双向互动”的基本运行原则，确保在公司形成以蜂巢为分布特征而又相互连接的小组织、小团队。激活每一个个体、每一个小团队的自主自发的能动性，提升其发现瓶颈、机会和满足读者需求的能力。这种高质量及产量的输出的管理模式，使客户感受到公司的产品始终活跃在第一线，永远能接触到最新的资讯。

6.5.4 融资发展

2016 年上半年，毒舌电影已完成 preA 轮融资，由涌铧投资领投，凌越资本等机构参与跟投。据企业创始人表示，公司当时估值为 1 亿元，紧接着在同年的 7 月，贝塔斯曼亚洲投资基金（BAI）宣布参与 A 轮的领投，并且引入了新的投资机构——合鲸资本，官方称此轮融资完成后估值 3 亿元。就在这短短一年的时间里，毒舌电影的估值增长了 3 倍，一年内完成了两轮的融资，融资速度之快令人不可思议。据了解，创始人在融资时也对投资机构做出了一番选择，在没有任何条款的限制下很幸运地选择了目前的合作伙伴。创始人何君将前两次的融资比喻成相亲，投资机构是否看好这个团队，是否看好这个产业都是企业选择投资机构的一个重要判断标准。

经过两轮融资的洗礼后，毒舌电影目前估值为 6 亿元，在自媒体行业中处于高估值的地位。因公司发展迅速，在广州市越秀区政府的推动下，公司于 2017 年参与了中国创新创业大赛并获得了国赛三等奖的好成绩，这让毒舌电影在行业内备受瞩目。在与资本对接后，公司在以下三个方面产生了积极影响。

第一，快速地拓展了团队。在新的资金进来时，创始人们果断地拓展了团队，由刚开始的 3 ~ 40 人，再到如今的 100 人。创作离不开人才，打造一批高素质、经验丰富的团队，是企业在融资后的第一步棋。

第二，开辟了新的业务渠道，引入了大量的新资源。通过投资机构的投后管理，规范了公司的各种管理流程，公司不断进行自我完善。投资机构给予的专业建议以及投资机构本身拥有的资源，更好地让企业明确了自身的发展前景，在开发周边产品的同时也结交到了更多的未来合作伙伴，也促使打造的项目更生活化，贴近用户需求。

第三，拓宽了公司的视野。在与投资机构对接以及参加创新创业大赛之后，公司进一步开阔了自身视野，结识了非常多的行业优秀创业者，也更加直观地了解行业的情况以及发展趋势。

小　　结

编写组通过大量案例梳理和走访调研发现，做大做强的企业多能抓住行业发展的机遇，借助大趋势实现跨越式发展，比如行业红利、人口红利、技术红利、资本红利等。同时，又能在关键时期借助资本市场的力量渡过难关或快速发展，并练好内功，打造自身核心优势，从而在市场竞争中胜出，成为行业龙头或前行者。

广东省创业投资行业展望与发展建议

第7章　广东省创业投资行业展望

经历了略显“疯狂”的2015年，2016年资本市场进入理性回归和调整期，2017年仍在继续探底中。

基于编写组对行业数据的整理分析，对各类代表性创投机构和被投企业的实地走访调研，我们发现2017年广东省创投行业较为务实和理性。特别是国有投资机构虽有资金优势，但投资较为谨慎；而民营类投资机构往往更专注于特定领域。随着国家大力推动股权投资的发展，社会对资本市场的认识加深，可以预期创投行业的规模仍会稳步增长。由于基金产品有期限要求，在多数机构出现退出受阻、募资困难的情况下，创投行业市场会出现大浪淘沙的洗牌过程，一些小型创投机构会面临生存压力，而大型创投机构会出现强者恒强的状态。随着对退出渠道的依赖，上市公司类投资公司比例会逐步增加。伴随经济结构的转型升级，创投机构偏好的热点行业也会有不少变化。

（1）扩大直接融资比例，市场规模在曲折中增长。2017年，发改委、工信部、财政部、央行联合发文，表示要深化多层次资本市场改革，扩大直接融资比例。中国人民银行行长周小川也表示要用好市场化法治化债转股，发展多元化投资主体，切实帮助企业降低杠杆率，推动“僵尸企业”市场出清；支持稳步提高直接融资特别是股权融资比重，拓展多层次、多元化、互补型股权融资渠道。

中国经济正处于转型升级中，传统经济进入一个相对成熟的发展阶段之后，新旧动能转换，新的动能没有接上，GDP增速减缓。国家政策大力支持和积极推动创新创业发展，以创新带动创业，扶持和鼓励中小企业和科技型企业发展。对于投资企业的创投机构，相应给予补贴和税收优惠等，在一定程度上推动创投行业的发展。同时，除社会资本外，各地方政府也意识到创投行业对地方经济的带动作用，纷纷成立政府引导基金，吸引创投机构扩大在地方的投资，加快对本地企业的发展推动。

因此，虽然 2017 年创投行业仍处于继续探底中，但整体市场规模仍保持增长。未来几年中小企业更会面临融资难的问题，对股权投资融资的依赖也会增加，创投行业的市场规模会在曲折中保持增长。

（2）机构抱团发展，行业将大浪淘沙。虽然创投行业市场规模总体呈增长态势，但必然会有大浪淘沙的过程。经纬中国创始管理合伙人张颖表示，美国在过去几十年间，400 家活跃的早期投资公司中只有 3% 的机构，就是 12 家机构赚了超过九成的钱。这个大逻辑在中国也一定会成立。他表示，投资本身是一个冷门的行业，需要很专业的知识和品牌效应，5 年之内七八成的基金都会面临挑战。

据统计，2014 年有 400 多家一线机构的合伙人出来创业，有 1 万多家投资机构在近 4 ~5 年诞生，未来两年将是第一批创投基金的清算年份，从现实情况看，当前不少创投机构正面临着生死关口：募资难和退出预期下降。创投行业投资周期较长，在国内资本市场退出有限的环境下，必然面临多数项目的退出难问题。而且，近几年一级市场估值高企，而二级市场中小创投估值整体下移，导致创投行业的收益率也会下降。单个项目低收益则要求基金产品有较高的成功率，但这在当前经济环境下也难以实现。可以预见创投基金要实现好的盈利变得非常困难，一些民营的中小创投机构则会陷入流动性危机，管理的基金产品盈利低或者产品周期被迫延长，甚至出现亏损情况而难以为继。

反之，一些有实力的能获得政府引导基金的国有创投机构或者本身有资金优势的产业资本，则不仅更有机会抢占好的项目，在退出上也有一定优势。在实践中，大型机构之间抱团募资，或者共同投资等现象较为普遍，在当前的创投环境下表现仍为突出。

业内人士表示，国内的创投机构正经历大爆发之后的清算周期，即将迎来第二个周期的起点，在经历了优胜劣汰后，存活下来的很多机构或者会向产业化转型。

（3）产业资本进入迅速，实业集团或上市公司类投资公司会增多。2017 年，产业资本加速进入创投市场，这既有部分创投机构的主动合作选择，也有上市公司的自身产业生态发展需求，未来这一趋势会更为明显。

一方面，中小民营创投机构面临募资和退出双难的局面，而借助有资金实力和退出通道的上市公司，围绕上市公司产业链来做投资，则能顺利打通募投管退的通道，发挥各自所长，优势互补。另一方面，一些产业资本不甘于只做前期资本的接盘侠，而是主动选择布局自身产业生态圈的前端项目，依托产业集团背后资源的产业资本，开始从幕后走向前台。不仅是外部筛选项目，有些更是直接做孵化器，早期介入甚至是内部孵化项目。

产业资本进入创投市场，不同于传统创投机构财务投资人的角色，其在投后管理上能真正做到资源助力和管理对接，且在退出方面更有优势，反过来对募资端也更有带动效应。可以说，随着创投行业的洗牌，产业资本型的创投机构比例会明显上升。

（4）互联网类项目降温，未来热点行业变化。如同资本市场的变化一样，随着移动互联网人口红利的消失，宏观经济的疲软以及相应二级市场的剧烈动荡，互联网类的项目已逐步降温，创投行业变得更加理性和务实，未来热点行业将会聚焦于大国经济基础的先进制造、新材料等，以及围绕人民生活相关的教育、体育、大健康和新型农业类等领域。

先进制造有传统产业转型升级和高新技术两个层面。制造业是大国经济的基础和核心，国家一方面利用新技术改造传统产业，推动具备大市场基础的传统产业获得高速发展；另一方面推动先进制造领域高新技术突破和产业化，向高端化发展。这既是国家战略需要，也是未来创投机构获得更高回报的路径之一。

新材料是先进制造的基础之一，其研发水平及产业化规模也是衡量一个国家科技进步和国防实力的重要标志。新材料产业技术高度密集，产品附加值高，应用范围广，其产值近年来都在大幅攀升，整体发展前景都比较明朗。

教育是长周期热点行业。当前80后、90后等年轻的父母在教育领域有清晰的消费痛点和非常大的消费能力，特别是K12和幼儿教育领域，不仅市场规模大，且属于频繁消费，加之生育政策的放开，使得教育行业能保持长足的增长率。

体育产业涉及两个方面，举国体制下的竞技体育和全民体育，而全民体育领域更加值得挖掘。随着各类体育产业的发展促进政策落地，未来十年将成为我国体育产业发展的“黄金十年”，产业链将日趋完善，市场规模将不断扩大。其中，群众类体育赛事、体育基础设施、健身服务等会成为创投机构关注的热点。

大健康也是长周期热点行业。除传统创投机构所关注的医药类、医疗器械、互联网医疗等领域外，医养类和心理健康类的市场规模也会扩大，成为新的热点细分领域。

新型农业成为蓝海。几乎每年中央的“一号文件”都是“三农”，在资本的关注下，特色小镇、生态环保农业和现代化农业逐渐成为农业供给侧改革的亮点。发展新型农业，是农村经济转型的机遇，也是下一个创投新蓝海。

第8章　广东省创业投资行业发展建议

创投行业涉及创投机构、创业企业、监管部门和行业协会等多个主体。通过走访众多创投机构和受资企业，他们对创业投资行业的发展建议主要集中在三个方面：一是对投资人而言，要有长期投资的理性心态，不要盲目关注产品周期偏短的产品；二是机构呼吁政府对税收的减免优惠落地；三是企业提出创投机构要做真正的股权投资，减少债权的条约束缚。针对综合创投机构和被投企业等主体的意见建议，提出以下六点创投行业发展建议。

（1）政府监管要适度。创投机构自从被纳入基金业协会管理以后，行业的健康有序发展在一定程度上得到了保障，不过有些方面也出现监管过严的现象，机构的合规成本也不断上升。

近几年，互联网金融、返利机构等类似机构出现较多，爆发出了大量的违法违规问题，政府严格管理非常有必要。然而，政府监管机构颁布政策往往连带合规做股权投资的资管公司类别一并纳入，导致合规做股权投资的机构被波及而被迫不断适应新的监管要求，增加合规人员和相应成本。

（2）股权投资类激励及税收减免政策要加大落地执行力度。广东在股权投资的激励方面已有明确政策，给予股权投资机构一系列发展扶持政策和优惠条件。特别是广州，在全国都禁止注册股权投资类企业的时候，率先开闸工商注册，并根据基金管理规模给予相应补贴，对于高级金融人才也给予安家补贴等补助，对于很多孵化器和众创空间等政府也出台了相应的补贴政策。

但对股权投资的投资者来说，最关心的仍是到期后的本金赎回及相应税收。针对目前股权投资类政策执行不够理想的情况，政府部门需要加大力度推动政策落地执行。

（3）投资人要有长期投资心态。当前创投基金产品都设有产品期限，有些甚至在募资时因投资人偏好而设计产品为5年左右。但由于创投机构所投项目以早期项目为主，企业成长和飞跃发展都需要时间，且项目退出也需要半年到一年甚至更长的时间，因此，不少项目在产品到期时仍未能实现退出。因此，投资人参与创投基金产品，需要有长期投资的心态，少些急躁，避免出现项目很好却为满足产品期限要求而被迫退出，从而不能收获企业飞跃的价值增值，降低基金产品的成功率和收益率的情况。

（4）创投机构要少跟风口。每年投资界都会有不少热点，处于风口中的项目往往被争抢而导致价格被高估。建议创投机构立足于自身资源和优势，深耕细作，悉心挖掘培养和孵化企业。在对项目投资的具体条款中，建议用双赢导向思维，真诚与企业沟通投资条件，而不是一味地谈业绩对赌，谈高额回购保障条款等。真正做股权投资，而不是债权投资。

（5）机构要加强投后管理。创业投资的投后管理，可以保障投资增值行动能按照投资方案中的计划有序执行，提升受资企业和相关资产的价值，同时又能及时发现受资企业的潜在问题并采取应对措施，从而提高机构投资退出时的收益水平，加强盈利的确定性。据 2015 年和讯网数据显示，约有 66% 的投资人更加看重投后管理带来的绩效改善，进而通过企业的有机增长保值增值。因此，创投机构需要加强投后管理，配备专业团队提供投后管理服务，安排人员响应企业需求，为受资企业提供公司治理、资本运作等专业化增值服务，助推企业成长，同时实现自身价值最大化。

（6）退出渠道要拓宽。对创投机构来说，退出是投资链条中最难的环节之一。在我国，IPO 是创投行业重要的退出渠道之一。据清科研究中心统计，2017 年共发生 1420 笔 VC 退出交易，其中 IPO 是最主要的退出方式，其间共计发生 470 笔，占比 33.1%；股权转让和新三板退出分别排名第二和第三，分别发生 360 笔和 315 笔。尽管我国资本市场已形成了三个板块的市场体系，但相比当年大量的投资案例，IPO 退出犹如千军万马过独木桥，很难实现投资项目的良性退出。因此，建议不断完善多层次资本市场，激活资本市场的融资功能，提高退出效率；同时在合理监管的制度下更多依靠市场化力量，如并购退出等，激发创投市场活跃度，拓宽创投机构的退出渠道。

附录　2017 年部分新颁布政策摘要

时间	部门	政策法规名称
2017 年 1 月	国家发展改革委	政府出资产业投资基金管理暂行办法
2017 年 4 月	财政部 国家税务总局	关于创业投资企业和天使投资个人有关税收试点政策的通知
2017 年 5 月	广东省人民政府	广东省加快促进创业投资持续健康发展实施方案的通知
2017 年 9 月	佛山市人民政府	加快股权投资行业集聚发展实施办法
2017 年 10 月	广州市南沙区政府	广州南沙新区（自贸片区）促进金融服务业发展扶持办法
2017 年 12 月	广州市人民政府	广州市风险投资市场规范发展管理办法

1.《政府出资产业投资基金管理暂行办法》

《政府出资产业投资基金管理暂行办法》（以下简称《管理暂行办法》）由国家发展改革委于 2016 年 12 月 30 日下发，自 2017 年 4 月 1 日起施行。《管理暂行办法》共七章四十七条，针对基金的募资、投资、管理、退出等环节，以信息登记、绩效评价和信用评价的方式对政府出资产业投资基金运行进行宏观信用信息监督管理。

第一章是总则，主要对政府出资产业投资基金及其组织形式、管理架构及运行管理等进行界定和原则性规定，明确《管理暂行办法》加强事中事后信用信息监管的原则，确定具体信用信息监管方式和监管责任主体。

第二章从基金资金募集开始，具体明确政府出资产业投资基金信用信息的登记管理体制，包括登记程序、登记方法和登记内容等。

第三章明确了政府出资产业投资基金应投向的产业领域，具体包括非基本公共服务领域、基础设施领域、住房保障领域、生态环境领域、区域发展领域、战略性新兴产业领域和先进制造业领域、创业创新领域等，并强调政府出资产业投资基金的具体投资对象应是未上市企业股权，或者上市公司的定向增发、并购重组和私有化等股权交易的股份。

第四章明确政府出资产业投资基金的绩效评价体系及评价方法。评价包括两个方面：一是对政府出资产业投资基金运行绩效的评价；二是对基金管理人绩效的评价。评价采取系统性评分办法，并将评分结果适当予以公告。

第五章明确建设政府出资产业投资基金行业信用体系。建立基金、基金管理人和从业人员信用记录，并纳入全国信用信息共享平台；各级发展和改革部门负责区域内政府出资产业投资基金行业信用体系建设，并与全国信用信息共享平台联网互通。对于存在不良信用记录的基金、基金管理人和从业人员，国家发展和改革委通过“信用中国”网站统一向社会公布。

第六章明确政府出资产业投资基金的监督管理，主要是针对基金的信用信息进行具体监管。监管采取现场和非现场“双随机”抽查方式，对政府出资产业投资基金进行业务指导，促进基金规范运作，有效防范风险。

第七章是附则。

2. 《关于创业投资企业和天使投资个人有关税收试点政策的通知》

《关于创业投资企业和天使投资个人有关税收试点政策的通知》（以下简称《税收试点政策通知》）由财政部、税务总局于 2017 年 4 月 28 日联合下发，《税收试点政策通知》中明确了创业投资企业和天使投资个人的应纳税所得额抵扣政策：创业投资机构（包括公司制创业投资企业、有限合伙制创业投资企业）、天使投资个人采取股权投资方式直接投资于种子期、初创期科技型企业满 2 年的，可以按照投资额的 70% 在股权持有满 2 年的当年抵扣企业或个人的应纳税所得额；当年不足抵扣的，可以在以后纳税年度结转抵扣。

《税收试点政策通知》规定的企业所得税政策自 2017 年 1 月 1 日起试点执行，个人所得税政策自 2017 年 7 月 1 日起试点执行。试点地区包括京津冀、上海、广东、安徽、四川、武汉、西安、沈阳 8 个全面创新改革试验区域和苏州工业园区。

《税收试点政策通知》中还就创业投资机构、天使投资个人、初创期科技型企业的符合条件，实际操作中涉及的研发费用口径、从业人数、销售收入、成本费用、投资额等管理事项的执行规范以及对政策涉及各方的管理要求进行了说明。

3. 《广东省加快促进创业投资持续健康发展实施方案的通知》

《广东省加快促进创业投资持续健康发展实施方案的通知》（以下简称

《实施方案通知》）由广东省政府于2017年5月17日下发，《实施方案通知》提出覆盖创业投资主体培育、税收优惠、营商环境优化、监管环境优化、信用环境优化、人才和机构引进等一系列扶持鼓励政策，旨在进一步促进广东省创业投资持续健康发展，着力将广东打造成为华南风投创投中心。

第一，提出培育多元创业投资主体。一是积极鼓励包括天使投资人在内的各类个人从事创业投资活动，鼓励成立公益性天使投资人联盟等各类平台组织，培育和壮大天使投资人群体。二是通过市场化手段运作母基金、直投或跟投方式，打造具有国际影响力和竞争力的创业投资品牌；支持具备条件的国有创业投资企业开展混合所有制改革试点；鼓励在市场竞争中培育和发展一批具有重大影响力和竞争力的本土创业投资品牌。

第二，要求多渠道拓宽创业投资资金和项目来源。一是建立股权债权等联动机制。支持符合条件的银行业金融机构通过设立子公司开展股权投资，与创业投资机构实施投贷联动，提高对创业企业兼并重组的金融服务水平。二是加快推进科技产业中心建设，培育优质项目源，为创业投资机构提供更多优质投资项目源。

第三，强调加强政府引导和政策扶持。一是落实税收优惠政策。二是建立创业投资与政府项目对接机制，搭建创业投资与企业项目信息共享平台，为科技型企业、创业投资企业提供线上线下专业服务。三是发挥政府资金的引导作用。四是创新财政出资引导基金管理模式，包括合理设定政策目标，减少政策性限制，适当降低财政出资引导基金的杠杆比例。五是创新国有创业投资机构管理模式，包括完善国有创业投资企业的监督考核、激励约束机制和股权转让方式，形成鼓励创业、宽容失败的国有创业投资生态环境。六是优化创业投资产业布局。

同时，《实施方案通知》还强调要拓宽创业投资退出渠道，优化监管环境、商事环境、信用环境，严格保护知识产权，推动创业投资行业“走出去”和“引进来”，加强行业自律，营造创业投资氛围，健全创业投资服务体系，完善创业投资高层次人才扶持政策等，做大做强广东省创业投资行业。

4.《加快股权投资行业集聚发展实施办法》

佛山市人民政府2017年9月22日下发《加快股权投资行业集聚发展实施办法》（以下简称《实施办法》），《实施办法》由六方面内容组成，旨在推动佛山市金融产业融合发展，落实创新驱动发展战略，培育企业创新发展新动能，吸引股权投资机构集聚发展，实现佛山市打造珠江西岸创业投资中心的目标。

第一，规定了适用对象是股权投资管理企业，以及在佛山市行政区域内进行工商注册和税务登记并依法纳税的股权投资企业与在股权投资活动过程中发挥重要作用的相关主体，并对各主体的定义做了界定。

第二，提出加大财政支持力度的主要两大类具体措施：市级财政支持与区财政配套支持。

其中，市级财政支持包含：落户奖励、孵化奖励、投资奖励、发起奖励及政策引导支持。一是落户奖励。按实缴资本、实缴出资规模给予一次性最高 100 万元的奖励。二是孵化奖励。股权投资企业采用股权投资方式投资 2 家以上非关联小微企业，符合条件的情况下每投资 1 家给予奖励 10 万元，单个股权投资企业奖励上限不超过 50 万元。三是投资奖励。单个股权投资企业最高奖励不超过 100 万元。该奖励与孵化奖励不可重复申请，执行过程中遵循从高原则。四是发起奖励。符合条件的企业发起设立股权投资企业的，给予一次性发起奖励 30 万元。五是政策引导支持。股权投资管理企业通过政府引导基金的子基金合作机构评审的，由政府引导基金按其相关规定配套出资并让渡部分超额收益。

区财政配套支持则由各区政府根据实际情况出台股权投资行业招商引资相关政策，包含地方经济发展贡献奖励、办公用房补助、高管奖励、投资风险补偿、活动举办补助。

此外，《实施办法》对扶持政策的申请流程包括申请时间、申请程序、申请材料等进行了说明。

第三，明确了落实税收优惠政策。针对不同类型的股权投资企业、创业投资企业及天使投资个人，凡符合国家政策规定的，均可按规定享受相应税收优惠。

第四，要求强化监督管理。支持股权投资企业、股权投资管理企业的设立，优化设立程序和业务流程，同时加强事后监管；督促股权投资企业按规定进行备案登记，加强行业自律和备案管理。

第五，强调营造良好环境。通过人才奖励、设立创业投资引导基金、建立项目信息平台、提供企业“一站式”服务、拓展金融合作、完善退出机制等举措，营造良好的创业投资环境。

第六，附则。

5.《广州南沙新区（自贸片区）促进金融服务业发展扶持办法》

《广州南沙新区（自贸片区）促进金融服务业发展扶持办法》（以下简称《扶持办法》）由广州市南沙区政府下发，旨在进一步营造市场化、国际化、法治化营商环境，打造高水平对外开放门户枢纽，加快建设广州南沙新区城市副中心，加快集聚国内外高端金融要素资源，打造“一带一路”金融服务枢纽和国际化创新型金融中心。《扶持办法》共十四条。

第一条，对发展扶持的对象进行了界定，须是工商注册地、税务征管关系及统计关系在南沙区范围内的持牌法人金融机构及其专业子公司或一级分支机构、经认定的重点发展金融企业及股权投资企业。

第二条至第十一条，重点阐述对区内相关金融机构及企业的扶持政策，共涉及十项具体奖励、补贴项目的评定条件及奖励标准。这十项奖励及补贴分别是落户奖、经营贡献奖、提升能级奖、人才奖、办公用房补贴、要素平台业务奖励、融资租赁业务奖励、企业上市奖、用地支持以及特别贡献奖。其中，根据机构、企业的实缴注册资本或实际资金管理规模，最高能给予1800万元落户奖励；金融机构、股权投资企业自落户当年起，连续5年给予经济贡献奖励，奖励标准最高可达地方经济贡献的100%；对年度应纳税工资薪金30万元以上（科研机构年度应纳税工资薪金20万元以上）的骨干人才，按照其个人经济贡献40%比例给予特殊人才奖励。

最后三条对支持原则、受扶持企业应作的承诺及《扶持办法》施行时间进行说明。

6.《广州市风险投资市场规范发展管理办法》

《广州市风险投资市场规范发展管理办法》（以下简称《管理办法》）由广州市政府于2017年12月7日印发。《管理办法》共五章二十条，针对风险投资市场的行业管理、扶持政策及市场环境营造提出对应举措，旨在推进广州市风险投资市场创新发展，打造风险投资之都。

第一章是总则，明确《管理办法》的适用对象是工商注册登记在广州市的风险投资类企业，包括股权投资企业、股权投资管理企业、创业投资企业、创业投资管理企业、私募证券投资管理企业。同时对各类企业的定义及使用的企业名称、经营范围做出界定。

第二章强调风险投资市场的行业管理。明确设立风险投资类企业不设行业准入审批，应按国家相关规定登记备案手续。明确市金融局、市发展改革委、市科技创新委、行业协会相关部门的职能分工，开展风险投资市场的行业自律管理、信息公示、风险调查、安全监测、风险防范等工作，维护本市金融秩序稳定。

第三章提出风险投资市场的扶持政策。对符合条件的公司制股权投资管理企业、创业投资管理企业，根据实收资本合计规模、实缴出资额合计规模，给予累计最高不超过 1500 万元的管理能力奖励；对符合条件的私募证券投资管理企业，根据私募证券投资基金实际规模，给予累计最高不超过 500 万元的管理能力奖励。另外，规定享受奖励的企业须承诺 10 年内不迁离广州或减少实收资本（实缴出资额）；对失信或弄虚作假的企业规定了相关惩戒措施。

第四章提出营造良好风险投资市场环境的相关措施。包括建设风险投资大厦并对入驻大厦的风险投资类企业给予购置租赁办公用房补贴；积极推进基金小镇、财富小镇、创投小镇等专业小镇建设，提供全方位“一站式”政务服务，打造风险投资类企业集聚发展平台；支持广州股权交易中心等资本市场服务平台开展合伙企业有限合伙人财产份额质押融资试点和风险投资退出平台建设；鼓励境外机构在广州市设立风险投资类企业；支持风险投资类企业按相关规定申报广州市高层次金融人才、广州市人才绿卡，享受人才落户、购房购车、子女入学等方面的优惠待遇，吸引风险投资领域人才在广州市集聚发展。

第五章是附则。

参考文献

[1] 阎敏，王文良，岳福琴，朱连周，王景红，杨曼利．创业投资学［M］．北京：清华大学出版社，2018.

[2] 投资界网站．中国创投简史［M］．北京：中国工信出版集团，2017.

[3] 蓝狮子（中国）企业研究院．风险投资的逻辑（第34辑）［M］．2006.

[4] 张玉臣．创业投资管理［M］．上海：同济大学出版社，2005.

[5] 储敏伟．2015－2016上海科技金融发展报告［M］．北京：中国财政经济出版社，2017.

[6] 胡志坚，张晓原等．中国创业风险投资发展报告2017［M］．北京：经济管理出版社，2017.

[7] 田何志，李大伟．国内主要省市的创业投资与广东的对比研究［J］．科技创新发展战略研究，2018，2（3）：4－11.

[8] 杨树林．政府引导基金促进战略性新兴产业发展的现状与对策——以杭州市为例［J］．浙江金融，2018（9）：67－72＋51.

[9] 周莉，刘佳迪．我国创业投资退出机制现状分析及问题研究［J］．经贸实践，2017（19）：65.

[10] 闫海．省级政府创业投资引导基金法制发展研究——以辽宁省相关规定为例［J］．地方财政研究，2017（3）：17－23.

[11] 陈玉罡，王苏生，孙晓辉．创业投资退出方式的选择及影响因素研究综述［J］．技术经济，2007（3）：45－48.

[12] 徐枫，马佳伟．基于投资者政策需求视角的中国创业投资发展影响因素研究［J］．宏观经济研究，2018（3）：89－102.

[13] 顾婧，任珮嘉，徐泽水．基于直觉模糊层次分析的创业投资引导

基金绩效评价方法研究［J］. 中国管理科学，2015，23（9）：124－131.

［14］金雪军，赵治辉. 政府创业投资绩效评价和风险测度研究进展［J］. 软科学，2014，28（5）：20－23.

［15］冯善书. 广深科技创新走廊规划：构建一廊十核多节点的空间格局［N］. 南方日报，2017－12－14.

［16］广东省创业投资协会. 注册指南及政策汇编［M］. 广东省创业投资协会，2017.

［17］广东省创业投资协会. 广东省创业引导基金申报指南［M］. 广东省创业投资协会，2017.

［18］广东科技. 2017 广东区域创新能力全国第一［N］. 腾讯大粤网，2018－1－16.

［19］广东省科技厅. 广东省召开珠三角国家自主创新示范区科技金融工作推进会［R］. 广东省科技厅，2017.

［20］广东省统计局. 2017 年广东宏观经济运行简况［R］. 2018.

［21］克劳锐. 2018 年自媒体行业白皮书［R］. 文化产业评论，2018.

［22］卢平. 防水步入后建筑，雨虹十年十倍长［R］. 招商证券，2017.

［23］刘垠. 我国创业投资市场规模进一步扩大［N］. 科技日报，2018－11－6.

［24］马兴瑞. 广东省政府工作报告［R］. 广东省人民政府，2018.

［25］潘晓娟. 沈志群：制订“创业投资管理条例”势在必行［N］. 中国经济导报，2017－11－15.

［26］前海孵化器. 前海创投孵化器：中国创投行业的发展现状及投资机会［Z］. 新浪博客，2018.

［27］清科研究中心. 清科数据：2016 前 11 月 VC 募投热情同比未减，“资本寒冬论”已被打脸［R］. 清科研究中心，2016.

［28］清科研究中心. 2017 年中国股权投资市场回顾与展望［R］. 清科研究中心，2016.

［29］王华君. 机床行业：历经风雨，逐步企稳［R］. 中泰证券，2017.

［30］五矿经济研究院. 2018 年金融经营环境展望［Z］. 搜狐财经，2018.

［31］张建平，唐五湘. 我国数控机床行业发展战略研究［J］. 企业经济，2018（3）：66－72.

[32] 郑晓刚．快速成长的新型防水企业 [R]．招商证券，2018.

[33] 中国人民银行．2017 年中国金融市场发展报告 [R]．中国人民银行，2018.

[34] 中国人民银行．2017 年金融统计数据报告 [R]．中国人民银行，2018.

[35] 邹戈，谢璐，徐笔龙．东方雨虹：大跨越，从防水龙头到功能性材料巨头 [R]．广发证券，2018.

[36] 克劳锐．2018 年自媒体行业白皮书．文化产业评论，2018.

[37] 中国广告杂志．做一个坚守自己立场的公众号——专访“毒舌电影”创始人何君.